做有"戏"的校长

王建娥　著

中国海洋大学出版社

·青岛·

图书在版编目(CIP)数据

做有"戏"的校长 / 王建娥著 . —青岛：中国海

洋大学出版社，2020.9

ISBN 978-7-5670-2582-0

Ⅰ.①做… Ⅱ.①王… Ⅲ.①校长－学校管理－研究

Ⅳ.① G471.2

中国版本图书馆 CIP 数据核字(2020)第 180276 号

书　　名	做有"戏"的校长 ZUO YOUXI DE XIAOZHANG	
出 版 人	杨立敏	
责任编辑	王　晓	
装帧设计	王谦妮	
出版发行	中国海洋大学出版社有限公司	
社　　址	青岛市香港东路 23 号	
电子邮箱	oucpublishwx@163.com	
本社网址	http://pub.ouc.edu.cn	
订购电话	0532-82032573（传真）	
印　　制	日照日报印务中心	
版　　次	2020 年 10 月第 1 版	
印　　次	2020 年 10 月第 1 次印刷	
成品尺寸	170 mm×240 mm	
印　　张	16.25	
字　　数	220 千	
印　　数	1—1000	
定　　价	52.80 元	

发现印装质量问题,请致电 18663037500,由印刷厂负责调换。

序

　　放在我案头的是一部书稿。作者是一位校长，一位平凡的校长，一位出色的校长，一位了不起的校长。她就是青岛市城阳区第三实验小学校长王建娥。

　　我认识王校长已经有十几年了。那时的她，正担任青岛市城阳区中华埠小学校长，三十几岁，充满朝气，风华正茂，满怀对学校未来的向往。而这时期，也正值青岛市琴岛教师成长工作室和青岛市陶行知研究会成立不久，我常常带领着青岛市区的优秀老师下农村支教。因为王校长的不断邀请，中华埠小学成为我们经常光顾的地方。在工作室的牵线搭桥下，中华埠小学与青岛嘉峪关学校结成联盟发展校。琴岛教师成长工作室发起人李淑芳老师也多次到中华埠小学讲座，用她的话说就是"王建娥虚心学习的精神感动了我们，无论如何我们都是要帮她的"。正是王校长这种虚心请教和不断思考的精神，使偏远的中华埠小学迅速崛起，成为区域知名学校，她在这所学校整整当了11年校长。

　　在每年的元旦琴岛教师成长工作室，都要举行隆重的元旦庆祝活动，王校长每年都会带着庆祝新年的蛋糕参加聚会，与工作室的成员们聊聊一年的收获和未来一年的打算。她的热情与激情常常博得大家热烈的掌声，人人都能感受到她无限向上的力量。

后来，青岛市城阳区教体局在全区进行了两所区直学校校长的选拔，她博得头筹，成为天泰城学校的首任校长。这时期的王校长经验丰富了，老练了，对于如何当一个好校长也有底气了。学校不再是被支援的单位，而是能够承担起工作室支援农村学校的义务了。此时的琴岛教师成长工作室不断发展壮大，改名为"支教岛"，成为全国知名的帮助农村学校、农村教师发展的志愿者组织。青岛市陶行知研究会也以支教岛为依托开展工作。王校长成为了这个志愿者组织的骨干，她到过贵州、甘肃、菏泽等地，义务给农村学校的校长和教师讲过课，更接待过来自各地的学习团队。每次安排活动，我给她打电话，她都会爽快地说"没问题，来吧"。无论多忙，只要在学校，她都会亲自为来访者讲座。她说："我是支教岛的受益者，我更希望把这种体会分享给想进步、想成长的人。"

王建娥的确会利用资源、借力打力，发展学校，这源于她对教育事业的热爱，源于她千方百计为农村学生、农村教师着想。2012年春节刚过，在别的学校还没有进入工作状态的情况下，她热情接待了支教岛的资深专家——中国教育科学研究院德育处的王磊主任和未来教育家成长学院的张威副院长。自此之后，一发不可收拾，青岛教育科学研究所的原所长翟广顺到学校讲过"陶行知与杜威的教育思想"；山东师范大学的魏巍教授到学校讲过语文教学；山东师范大学的高伟教授到学校讲过哲学；而后中国教科院基础教育研究所的所长陈如平带领她的博士团队来了。于是，学校有了5年发展规划，有了顶层设计，有了学校文化，有了学校课程，更有了学校特色发展之路。

"教育让生活更美好"成为全校师生家长的共同追求，陶行知先生成为全校教师崇拜的偶像，"爱智"文化成为学校师生身上特有的精神符号。随着时间的发展，学校的"戏剧教育"特色慢慢浮出水面，一班一剧社，年年戏剧节；学校排练的舞台剧在区、市、省多次获得一等奖，参加全国第五届中小学生艺术节获得二等奖。而在学校管理中，王校长大力推广"戏剧冲突教学法"，逐渐形成"人人有戏，人人精彩"的校园文化，"有你就有戏"的教师文化，"人人有戏，我是主角"的学生文化。学校处处"有戏"。王校长嘴里不断传递的是"有戏教育培养的是有理想、有梦想的学生，让孩子们有戏的人生从这里启幕"。

2015 年，"青岛市第三届中小学生戏剧节戏剧与学科融合现场会暨闭幕式"在天泰城学校的召开更加成就了这所有"戏"的学校。王建娥笑称自己要做有"戏"的校长，为"官"一任，造福一方。校长虽不是什么官，但要为自己学校里的孩子的一生着想，要让孩子们一生有梦想，有诗和远方。

千淘万漉虽辛苦，吹尽黄沙始到金。6 年的辛苦、6 年的付出，让她有了成就感、自豪感和价值感，正当她准备继续向上冲击时，由于工作需要，王校长被组织安排到青岛市城阳区第三实验小学任职。此时的她已是青岛市陶行知研究会的副会长、青岛市教育学会的理事、全国学校文化策划委员会委员，更是陈如平主任倡导的新样态学校建设的实验人和引领者。她不断实践着"文化内生、课程再造、系统建构、整体育人"的新样态发展之路，在学校管理之路上愈发成熟。她借助城阳区第三实验小学三棵茁壮成长的白杨树（树龄 50 多年）提出"共生教育"思想，在实践中有了自己的教育思想，完成了苏霍姆林斯基提出的"校长的领导首先是教育思想的领导"。

一个好学校，首先要有个好校长。一所学校刚建成，不是先选教师，而是先选校长。一个好校长，对于将来学校发展会起到至关重要的作用。一个好校长，就是一所好学校。

好校长肯定是心中充满爱的，因为爱是大道的体现，只有心中充满爱，才会形成超强的人格魅力，对身边的人形成正影响。这种爱体现在"爱教育、爱学校、爱老师、爱学生、爱家长"等方面。

好校长肯定有理想、有追求。让每个学生都成为最好的自我，让每一个教师都成为一个幸福的教师，让自己的学校成为育人的好地方。人人都想追求进步和发展，校长正是引领发展、指引方向的领路人。

好校长肯定有思想，对学校的发展、教师的成长有一套完整的规划。好校长善于谋划在现有条件下如何实现突破，把学校带入一个良性发展轨道，善于抓住学校发展的引擎，不断探索和创新办学形式，适应社会发展和群众对教育日益增长的需求。

王建娥校长正是这样做的。

好校长是教育的行家里手，成功的学校都有一位优秀的校长。校长不是行政意义上的"官位"，而是业务精湛的教育专家，懂得教育规律，善于学校管理，精研课堂教学，既在教书上创造了优异成绩，又在育人上实现了立德树人。最终成全了学生，成全了老师，从而成全了自己。

好校长的人格魅力会感染带动人，好校长的正确思想会激发引领人，好校长的精心管理会激励调动人，好校长的精湛业务会带出一支优秀的队伍，好校长才能打造优质学校。

王建娥校长也是这样严格要求自己的。

孟子说过："君子有三乐，而王天下不与存焉。父母俱存，兄弟无故，一乐也；仰不愧于天，俯不怍于人，二乐也；得天下英才而教育之，三乐也。"（《孟子·尽心上》）

作为一个教育工作者，校长的人生大事便与教育连在了一起。王建娥校长说："做教师时，我的人生大事是做一名好老师；当校长时，我的人生大事是当一名好校长。"要做一名好教师不容易，做一名好校长更不容易。

人民大学附属中学校长刘彭芝说得好："也许是命运的安排，让我走上了教育之路。从此，在农村中小学教书的人，无论你是老师，还是校长，日子都很清苦——手中无权，兜里无钱，在世人眼里只不过是一个孩子王。但是，如果从精神的角度看，大家是一群幸福的人，大家的人生是快乐的。"

教育家陶行知曾说过："做一个学校校长，谈何容易！说的小些，他关系千百人的学业前途；说的大些，他关系国家与学术之兴衰。"

校长的权威不是来自校长的称号，也不是校长手中的行政权利，而是校长高尚的人格魅力。因为校长领导的是一个知识分子群体。知识分子群体往往对校长的人格有着更高的要求。如果你在这方面做得好，你的权威就自然形成，你就有威信。

校长要严于自律。虽然校长是一校之长，但要时刻把自己置于大家的监督之下，对自己提出严格要求。这样，你才能要求我们的老师，才能带好自己的队伍。比如说，校长对学校教育经费的有效管理和合理使用上是否能做到廉洁透明？在评优选先和教师职称评定上是否真正做到了公正无私？在执行学校各项规章制度上能否以身作则？凡是要求教师做到的，王校长都做到了。校长只有对自己有了很严格的要求，老师们自然会跟着你去做。所以说，校长的自律是非常重要的。

做校长就要以诚恳的态度对待教职工，尊重他们，关心他们，跟他们讲实话，不讲空话，这样就能调动大家的积极性。待人真诚，这个"真"有两个意思，一个是校长要实事求是，要脚踏实地，一切工作都要从实际出发，不要为了政绩或者为了迎合做一些虚假的东西，或者是表面看来花里胡哨，很风光，但没有一点实效的形式主义的花架子。第二个是校长做每一件事都要严谨认真，一丝不苟。教师的职业决定了其做事的一个基本特点就是要严谨认真，力求不出错误。所以，无论是校长，还是带的这支队伍，都应该一丝不苟。

王建娥校长今年已到知天命之年。在校长的岗位上已经干了整整

20年。说她经验丰富，举重若轻，一点也不过分。王校长还在不断努力着，钻研着，不停前进着。教育无尽头，对教育的研究更无尽头。教育是幸福的，教育工作者是幸福的，王建娥校长更是幸福的。

希望王校长在教育改革的路上，努力攀登，做出新成绩，不断演出新的、更为出色的剧目，继续做个有戏的校长！

青岛市陶行知研究会原会长

周加惠

写在前面的话

"其实地上本没有路，走的人多了，也便成了路。"这是我十分崇拜的革命勇士、文学泰斗鲁迅先生曾说过的一句话。它告诉我：路，是人走出来的。人生之路，是一步步地走出来的，朝着目标，披荆斩棘、百折无悔、永不辍足地走下去……蓦然回首，却分明看见：曲曲折折的小路掩映在姹紫嫣红、绿草如茵、莺飞蝶舞之中，怎一个生机勃勃、别有意趣的洞天！

迈入知非之年后，我时常回顾走过的人生之路。也不知从何时起，竟迷上了"戏"，不是游戏，不是玩笑，而是戏曲，有舞台，有唱腔，有剧本，还有舞台上穿着五颜六色戏服的演员演绎的各种故事、各色人生。

记得小时候，每到正月里，我总是跟着母亲走村串巷到处听戏。那年头，农村娱乐生活贫匮。冬季农闲季节，村子里总有多才多艺的人，找一个空旷的地方搭起戏台子，画着浓妆的演员（都是村民）有腔有调地唱着柳腔、茂腔、吕剧……于是，《窦娥冤》《小姑贤》《一块银元》这些传统戏曲在我大脑里烙下很深的印子。特别是那六月飘雪、凄楚悲切的窦娥含冤哭诉的场景，常常惹得我泪流满面。我还清楚地记得，有一次看戏时，为剧情所感染，竟不知不觉哭了起来。抽抽搭搭的哭泣声引起旁边一位白胡子、儒雅的老爷爷的注意。他端详了我半天，指着我，对我娘说："你这闺女啊，长大后能有戏，有戏！"少不更事的我，竟然"读懂"了老爷爷颔首赞许的表情，也就是从那时起，天天缠着母亲："我要唱戏，我也要唱戏……"

唱戏之梦是在上小学一年级时被打碎的。那是我人生的第一个"六一"儿童节，班主任老师让当班长的我带着几个同学唱《小青松》，刚开口便引得台下哄堂大笑——我跑调了。人生第一"戏"演砸了，羞得我再也不敢开口唱歌了，至今仍是心头一梗。

值得庆幸的是，在老师们的精心培养下，我的学习成绩还不赖，一直名列级部前茅。1987年，经过层层选拔考试，我顺利地跨入青岛师范学校的大门。1990年毕业，我便踏上了三尺讲台，成了一名光荣的人民教师。当踏上讲台，听到第一声"老师好"的那一刻，我内心已为自己的人生确立了未来发展的方向——做一名优秀的人民教师！

当时我所在的学校地处偏远的农村，教学环境极其艰苦，艰苦到留不住人的地步。但我坚信，越是艰苦的环境越能磨炼一个人的品质，考验一个人的毅力。五音不全，上不了舞台，唱不了戏，可在三尺讲台上，唱念做打白，宫商角徵羽，我可是妥妥的"唱戏"主角。随后，在几个偏远农村小学工作了几年后，不到30岁的我，被任命为青岛市城阳区棘洪滩街道中华埠小学的校长。在生我养我的那片土地上辗转工作了21年之后，经过层层竞聘，2011年我成为区直属学校的校长，再后来成为实验类学校的校长。

台下十年功，成全了演员台上的一分钟。对教育事业的挚爱与孜孜以求，让我从一个普通的农村教师成长为青岛市教学能手、青岛市优秀教师，城阳区名校长、全国优秀校长。我不知道我是不是如那位老人所说的"有戏"，但我力争在每一出"戏"里，都做一个出色的主角。

真正的"戏结人生"，是从2011年开始的。

那一年，通过竞聘，我成为城阳区天泰城学校的校长。这是一所新建学校。建校之初，学校只有15位教师，180名学生。就是这样一个小小的团队，却演绎了一出精彩的舞台"大戏"。

那一年，学校成立了舞台剧演出队，我亲自参与编排的第一个舞台剧《玩具的控诉》一炮而红，在青岛市城阳区"区长杯"比赛中获得了一等奖。后来，学校慢慢壮大，成立了戏剧社，舞台剧连连获奖：青岛市一等奖第一名、山东省一等奖第一名、全国第五届中小学生文艺展演二等奖。

这是一个很好的契机，完全可以让舞台剧在突破传统学校文化建设、创新课堂教学模式中发挥奇特作用。于是，所有班级成立剧社，学校成立剧团，将"戏剧冲突教学法"渗透于课堂教学中。

经过一段时间的摸索与实践，舞台剧逐步成为培养学生全面素质、打造学校文化建设特色的直接阵地和重要媒介。学校文化与舞台剧开发紧密结合，形成"人人有戏，人人精彩"的校园文化，教师文化——"有你就有戏"，学生文化——"人人有戏，我是主角"。教师、学生、家长最自豪的就是我们学校有"戏"。2015年，"青岛市第三届中小学生戏剧节戏剧与学科融合现场会暨闭幕式"在学校的盛大召开，更加成就了一所有"戏"的学校，成就了我这个有"戏"的校长。

2015年底，时任青岛市教育局局长的邓云锋同志（现任山东省教育厅厅长），带领青岛市各县市区的教育局"一把手"及重点科室负责人到学校观摩时，连连称道"你这个学校很有特色"。我握着邓局长的手，听着这鼓励的话语，自豪感、价值感油然而生。

2017年，经过再次调岗，我成为青岛市城阳区第三实验小学的校长。在各级教育部门的大力支持下，在专家们的引领指导下，我开始了"文化内生、课程再造、系统构建、全面育人"的学校治理之道的思考与研究，受校园里三棵白杨树与青松共生现象启发，将"共生教育"思想渗透入学校管理与学生培养中。

心中有信仰，脚下有力量，从"让每一个孩子健康成长"这一初心开始，到"向上就能赢"篮球理念的打造，到"人人有戏，人人精彩"戏剧教育理念的开创，再到"共生教育"思想的形成，一路走来，虽有艰辛，却也执着，而支持我坚定走下去的，正是一直以来对教育事业的孜孜追求和对孩子成长的拳拳爱心。

我知道，早年心中埋下的那颗"唱戏"的种子，已经发芽、开花……

王建娥

2020 年 6 月

目 录

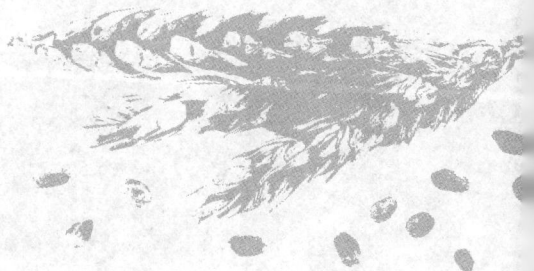

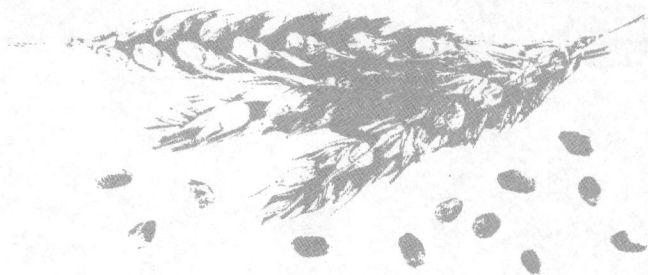

2010 年，中华埠小学塑胶操场建成后，青岛市城阳区棘洪滩街道党工委书记
徐正岱（左三），邀请青岛市城阳区委书记孙立杰（右三）到现场视察

2011 年，青岛市少先队庆祝建党 90 周年鼓号操大赛，中华埠小学获得一等奖，
与共青团青岛市委书记陈飞（中间白衣服）一同合影

2011 年冬，青岛市教科所原所长翟广顺（中间左一）在天泰城学校成立之初，为 15 位教师举行"杜威与陶行知教育思想"主题讲座

2014 年 3 月，山东省十二五规划课题"生活德育课程体系建构与实践策略研究"开题论证现场会在天泰城学校召开，山东省教科所所长李文军（左六）、青岛大学师范学院院长钱国旗（右六）、青岛市教科所所长于立平（左五）参加了论证会

2014年，青岛市行知实验学校成立。陶行知教育思想讲师团团长汤翠英女士（左一）与青岛市教育发展研究会会长王言吉（右一）为行知实验学校揭牌

2016年，天泰城学校剧社排练的《猴吃西瓜》获全国第五届中小学生文艺展演二等奖

2015年11月，青岛市第三届中小学生戏剧节"戏剧与学科融合"现场会暨闭幕式在天泰城学校召开。教师剧社的演员们表演儿童剧《玩具的控诉》。青岛市教育局副局长王铨在会上讲话，校长王建娥在会上发言

2015年11月，青岛市话剧院原院长代路（左五）、青岛市教育局副局长王铨（左四）、青岛市城阳区副局长焉峰（右四）、青岛市话剧院院长苗青（右三）、全国梅花奖得主曾拥军（左三）等领导参加青岛市第三届中小学生戏剧节"戏剧与学科融合"现场会暨闭幕式

2015 年 12 月，青岛市教育局局长邓云锋（左三）率青岛市各县市区教体局局长等组成的观摩团观摩天泰城学校"有戏"教育

2016 年 4 月，青岛市教育局组织的"支点教育论坛"在天泰城学校召开。北京市十一学校校长李希贵（左三）、中国海洋大学教授孙艳霞（左二）参加会议论坛，并做现场会议交流

2016年5月，全国学校文化内生和课程再造现场会在天泰城学校召开，校长王建娥以"让学生过'有戏'生活"为题，介绍天泰城学校课程体系建设经验

青岛市支教岛岛主李淑芳（前右二）与青岛市陶行知研究会会长周加惠（前左四）带领贵州省校长考察团到天泰城学校考察学习

青岛市城阳区第三实验小学共生教育文化建设研讨会上，中国教科院研究院原《教育文摘》周报社社长兼总编辑王磊参加会议并做报告

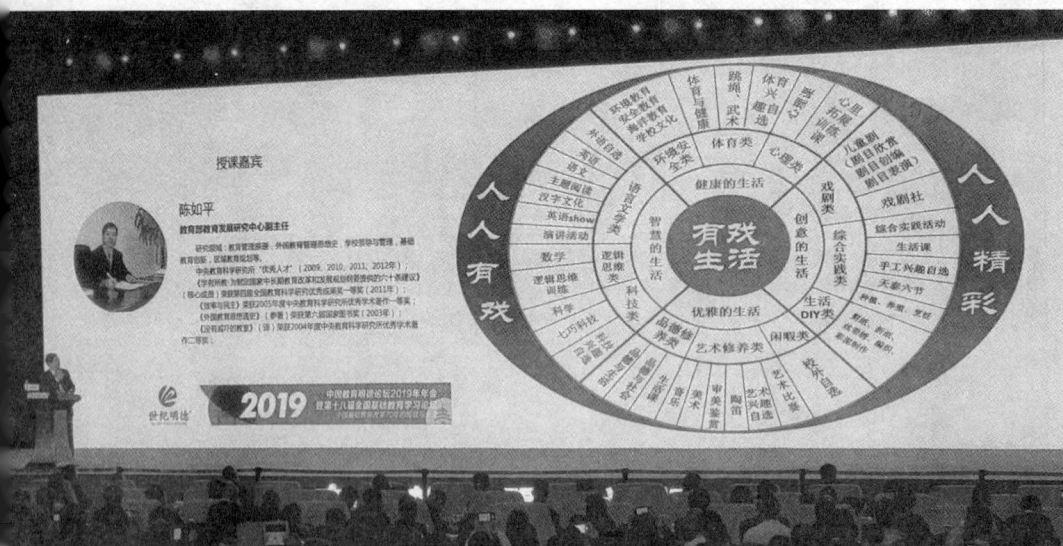

2019年11月，教育部教育发展研究中心副主任陈如平在世纪明德论坛会议上用"有戏"生活的课程结构封面，介绍新样态学校

2019 年 12 月，全国立德树人教育戏剧共同体在北京东城区民族小学成立，青岛市城阳区第三实验小学成为联盟校

青岛市城阳区第三实验小学校园里的三棵50多年的白杨树，涵养了学校发展的根与魂

第一章　初登舞台

——承载梦想，启航入戏

"戏"语

　　小时候，不觉然之间，竟对乡村戏曲产生了兴趣，想唱戏的执念一直萦绕着天真烂漫的童年。虽然这一执念破碎了，破碎在小学一年级的一次文艺演出活动中，但冥冥之中注定，我会跟"戏"结缘。这个戏就是乡村教育之大戏，我一直想在这出大戏中唱出精彩的曲目。

　　舞台或许不由我来定，但如何唱好这出"戏"，主动权牢牢攥在我的手里。

陶行知先生曾说，学校是乡村的中心，教师是学校和乡村的灵魂。所以，"乡村教师是最美的存在"的思想理念根植我心。乡村教师肩上承载着振兴乡村教育之大业，任重而道远，光荣且伟大。乡村教师就应该具有热爱乡村教育、扎根乡村教育的情怀，自觉成为乡村教育的拥戴者和奉献者。

作为人师，言传身教，行尤胜于言。要想成为一名优秀的乡村教师，必须做到爱生如子，爱校如家，倾情奉献，既是知识的传授者，更是人生的导引者。

一、初登讲台，遭遇迷茫

走进偏远农村学校

年少时，我作为一个农村孩子，生活圈子非常狭小，"两点一线"——除了家庭，就是学校。而对于学校的老师，我总有一种不能言表的情感。课堂上，老师的温文尔雅，娓娓道来，端庄祥和，慈爱有加，总能打动我幼小的心灵。我总在幻想：要是有一天我能做一名这样的老师该有多好呀！美好的理想种子就这样种在心灵深处，也给了我发奋学习的无穷动力。

1987 年参加中考，我的成绩达到了青岛师范学校崂山扩招班录取线，成了一名师范生。我想象着幼时的梦想就要实现了，激动和兴奋无以言表。

师范学校的生活是丰富多彩的，然而最让我钟情的却是学校的图书馆和阅览室，那是我一个农村孩子以前不曾见到过的耀眼"风景"。

我很清楚：作为农村进城的孩子，我亟须知识的滋养和充实；拥有渊博的知识，是一个优秀教师应该具有的特质。于是，我一头扎进书的海洋，如饥似渴地汲取书中精华，《简·爱》《少年维特之烦恼》《钢铁是怎样炼成的》等名著统统装进大脑，至今不曾忘怀。

怀揣着师范学校三年一等奖学金和三年"三好学生"奖状，怀揣着踌躇满志的理想，怀揣着对教师这一职业的向往和对农村的挚爱，1990年8月，我回到了家乡——青岛市原崂山县棘洪滩镇，被分配到了大胡埠小学（1996年合并到原魏家庄小学）这个偏远而又贫穷的地方。当时，我心中理想的学校是初中母校——原崂山十二中。我对初中母校和母校的老师，特别是班主任蔺老师有着无限的眷念。

理想是多么丰满啊！现实却如此骨感。那年，我们这一届棘洪滩镇一共有3个毕业生，一个留在县城学校，一个进了镇上的窗口学校，只有我被分配到这个偏远小学。我抱着"天将降大任"的心理，毅然决然地踏进人生工作的第一站——大胡埠小学。

大胡埠村位于棘洪滩镇的西南"边陲"，是远近闻名的贫穷村。大胡埠小学位于村子的最北边，学校只有一排低矮的平房和不大的院子，院内没有绿化，是坑坑洼洼的土地。一进校门，迎面撞上几个孩子在拼命奔跑、打闹，尘土漫天飞扬。

6个级部、不到200名学生、8位教师（3位代课教师、5位老民办教师）、一个老校长，没有一个公办教师；一排低矮的平房，已经破败不堪，摇摇欲坠；一个光秃秃的操场，连篮球架子都没有，边上堆着几个麦草垛。见此情景，就像有一盆凉水当头浇下来，将我满腔热情淋灭。我已经分明"听"到那几个麦草垛的嘲笑：傻姑娘，你到这兔子不拉屎的地方，实现优秀教师的梦想来了？

可能是天生的性格，我的骨子里总有一股"明知山有虎，偏向虎山行"的气势。像个"初生不惧虎的牛犊"一样，我毫不犹豫地决定：就在这里上岗！

可是，当老校长郑重地将小学六年级的课本放在我面前时，我却真的犹豫了。"校长，真的没有别的老师来带六年级的班吗？除了毕业班，我带哪个级部都行啊！"

"你是师范生，科班出身，我相信自己的眼力。你可以的，你一定会成为一名出色的优秀教师！"老校长用无比坚定的目光注视着我。

"咱们学校的教学条件的确很艰苦，但是，越艰苦的地方越能磨炼年轻人的意志。这个学校已多年没来科班出身的师范生了，今年的六年级毕业班也没人带。家长们听说今年新来了师范生，甭提有多高兴了。小王老师，我代表孩子和家长欢迎你、感谢你！"

两鬓已经斑白的老校长，竟然在我这个19岁的孩子面前，深深地弯下了腰。老校长一番动情的话语和出人意料的举动，顿时让我热血沸腾。

"校长，您放心！我一定不会让您失望！"

登上六年级的讲台

人生很多时候就是这样，开弓就没了回头箭；而当你艰难前行的时候，未来反倒清晰起来，而且越往前走越明亮……

战战兢兢，我硬着头皮走进了六年级的教室，踏上了讲台。当我用忐忑的目光扫过那31个稚嫩的脸蛋，扫过那31双明亮而渴盼的眼睛时，一股神圣的使命感油然而生——我是一名人民教师，肩负着教书育人的伟大使命！

从此，我成了小学六年级的班主任，成了语文、数学老师兼思想品德、自然、音乐、绘画、体育老师，成了"万能"的孩子王。每天下来，尽管累得精疲力竭，但是快乐而充实。可是很快我就真切地体会到农村教师的不易。

学生的学习基础太差了，课堂不认真听讲，作业不认真完成，还经常出现不到校上学、在家帮父母干活的情况。开学第二周，我刚回办公室坐下，便有学生飞奔过来报告："老师，朝阳和建军打起来了。"

我匆匆跑进教室，两个孩子已打得"热火朝天"，脸上还带了斑斑血迹，旁边学生拉也拉不开，即使看到我进来，两人也没散开。得亏我力气大，把他俩给拎开了。进了教师办公室，他俩还是握着拳，瞪着眼，怒视对方。询问原因，各有各的道理，互不服气。我茫然不知所措：老天爷啊，面对这样"野"孩子我该怎么办！老教师告诉我：这些孩子还是蛮可怜的，家长都忙着种地干活，哪有时间管他们。你就尽心吧。听到这，我心酸酸的，农村孩子需要爱，需要引导，需要教育。从这天起，我下定决心，我的学生我来教，我的孩子我来爱！

我努力做他们的朋友。自己掏钱买篮球、排球，带他们到"操场"上疯玩，虽没有篮球架子和排球网，但我们玩得不亦乐乎。"高超"的球技（在师范学校上学时，我是校篮球队队员，排球队队长）征服了他们，我不仅成了他们的"偶像"，还成了他们的知心朋友。不久，他们就对我"言听计从"了。

我努力爱着每一个学生。当学生病了不能上课，我就带着礼物到家里探望；当学生呕吐了，我不顾难闻的气味，俯下身子将污物清扫干净；天冷了，我早早来到教室，为孩子们燃起红彤彤的炉火……我坚信：一个老师，只要对孩子付出了真心的爱，一定会有爱的回报。

有一个最让我闹心的学生，却让我的内心震撼，至今不忘。他是班里最调皮的学生，且患有严重的口吃病，上课从来不回答问题，动不动就扰乱课堂纪律，为此没少挨批评。有一天，他悄悄地问我："老、老师，你、你怎么、考上大学的？"

"怎么？你也想上大学？"他憋红着脸不说话，只是拼命地点头。

望着他诚恳的面孔，我的心颤抖了，原来每个孩子都愿意进步，都希望进步啊！我蹲下来，把手放在他的肩头，诚心诚意地给他讲了我是怎样学习的，并且告诉他，只要努力学习，他一定会考上大学，成为祖国建设的有用人才。

从那天开始，我每天带两份饭，中午和他一起吃。吃完饭，我就给他补课。怕影响别的老师休息，我就带他到潮湿而杂乱的仓库里补课，从汉语拼音开始，不厌其烦地一遍一遍教。他也极其认真地一遍一遍学。一学期下来，他的各科成绩都提高很多，有几次竟然名列班级前茅。孩子的精神面貌也发生了翻天覆地的变化，由"调皮鬼"变成了"乖乖虎"。

为了治愈他口吃的毛病，我多次向医生请教，查阅有关资料，亲自带他去看医生。他的妈妈专门来到学校，感激地拉着我的手说："王老师，太感谢您了！俺孩子上了 5 年学，我跟他不知生了多少气，流了多少泪。现在他变了，真的变了。多亏老师，遇到您，真是俺孩子的福气啊！"她说着说着就流下了眼泪，不是我拉着就跪下了。

拉着妈妈的手，看着孩子的进步，我内心的自豪感油然而生。是啊，学校是每个孩子理想启航的出发地。家长把孩子交给学校，交给老师，等于把家庭的希望、孩子的未来交给了学校，交给了老师。撇开为国家培养人才不说，单凭这一点，我已经感觉到肩上担子的重量有多大了。我暗下决心：只要学生心中有我的存在，成长路上有我的烙印，我一定让他这辈子不留遗憾。

第一次召开家长会

家长会是班主任与家长沟通的重要桥梁。作为新班主任，第一次家长会的成功与否直接影响着今后工作的开展。一次成功的家长会，不仅能促进班主任与家长的沟通，而且家校形成合力，将对日常的教育教学工作起到"四两拨千斤"的作用，其重要性不言而喻。

期中考试过后，我召开第一次家长会。尽管备足了课，但我仍然打怵，于是央求老校长出马，替我主持第一次家长会，没想到老校长竟爽快地答应了。我当时高兴得手舞足蹈。

谁知在开家长会的当天下午，校长接到通知开会去了。我一下子蒙了，这可怎么办啊！可再蒙，也没人帮我啊！家长们都已经坐到教室里了，我只得做梁山好汉状，踉跄着来到家长们面前。当时如何开的场，都说了什么，我已经完全不记得了，只记得自己独立完成了第一次召开家长会的"重大任务"。或许不完美，或许有瑕疵，但因为处处体现了对孩子的爱，处处替家长们着想，竟然得到了他们的热烈掌声。

掌声，为年轻的王老师增添了无穷的工作动力！

为了彻底了解学生，取得家长的进一步支持和配合，我常常利用晚上时间进行家访。一个不到20岁的女孩，漆黑的夜晚，崎岖的陌上小路，呀呀作响的自行车声音，偶尔远处传来的恐怖的叫声，现在想起头皮仍然发紧，但当时竟然毫无惧意。有一次家访的路上，我不小心摔倒，把车子摔坏了，人也摔出去老远。等我扛着自行车回家时，爹娘心疼了。

"你一个姑娘家走夜路，不害怕？"

"不害怕。"

"遇到坏人怎么办？"

"放心吧，没事的！"

我朝爹娘笑笑。爹娘也知道倔强好胜的闺女不可能被这点困难吓住。但从此以后，我每次夜访回家，远远就会看见一个颀长的身影，固执地伫立在自家大门口的路灯下。我知道，那是在守望女儿回家之路的老父亲。每次看见，心中总是涌起无比的温暖。

家访，让我以最短的时间，对全班同学的家庭情况有了全面的了解和掌握；对今后工作的开展，也有的放矢了；对特殊家庭的特殊孩子给予特殊"关照"。

有一个学生，父亲去世，母亲改嫁，他跟奶奶一起生活。了解到这种情况后，竟然把我的母性给激发出来了——替他交书费，帮他买学习资料，给他钉扣子、补衣服，带他回家吃饭，赞美他，鼓励他——我相信他体会到的不仅仅是师爱，还有另类的母爱，因为他变了。他变得刚强起来了，自信起来了，开朗起来了，爱笑起来了。

爱，就像和煦的春风，徐徐拂过每一个孩子的心田；花开了，鸟鸣了，天地一片盎然生机：

"老师，您的感冒好了吗？"

"老师，您休息一会儿吧！"

"老师，这个我来做。"

……

每当孩子们天真稚嫩的关切声在耳旁响起时，我总会心地笑。还有什么比这更让人欣慰呢？

几年过去了，不管外面的世界多么精彩，我的坐标始终定格在这所偏远的乡村小学。

做教师难，做乡村教师更难。但是在艰难和辛苦中，我却感受到别人感受不到的幸福——童年的乐趣。这一切都很值得，因为我的付出，孩子们得到的是一个美丽的童年！

二、脚踏实地，淬炼德能

一节不成功的公开课

一节不成功的公开课给了我终生难忘的启示。

期中考试后，镇上的教育委员会办公室（简称"教委办"）开始期中检查，教学研究室（简称"教研室"）主任点名要听我的课。本来挺有自信的我，却因此而惶恐不安起来。

为了上好这人生第一节公开课，我是煞费苦心。利用中午休息时间，骑上自行车，来到镇中心小学请教实习时带过我的老师，央求老师先听她的课，我再回去上自己的课。老师全心全意地为我做指导，帮我纠正讲课思路……

带着老师的指导，加上自己的教学设想，我的第一节公开课"幸福在哪里"登堂亮相。课堂上我大胆放手，让学生自己阅读、提问题，我适时点拨，归纳总结，布置作业，课上得非常顺利。我"志得意满"，坐在听课领导和老师们的面前，等待"表扬"。表扬是有的，但更多的是批评和指导。事后，教研室主任拍着我的肩头，真诚地对我说："小王老师，课上得不错，很有做老师的天赋和干劲儿。但是要想胜任教师这个职业，还必须具备专业知识和专业技能，你得继续努力。"

教研室主任这番推心置腹的话语，对我是醍醐灌顶。是的，一个优秀的教师，只有爱心是不够的，拥有全面的知识储备，拥有精湛的教学技艺，才是正道。越是艰苦越要上，这是我的个性。我要当一个优秀的教师，绝不会输在这一点上。

说干就干，是我的一贯作风。学校仓库里堆放着一捆发黄的《山东教育》杂志和一些陈旧的书籍，被我翻出来了。我如获至宝，把它们放到办公桌上，一有时间就翻看，做笔记写心得。正是这些早已被当成废纸的书刊，为我展现了一片教学领域的广阔天地。

随后，我又用每月仅有的 90 元工资订了《山东教育》《小学语文教学》《小学语文教师》等刊物。看到刊物上刊登的有价值的教学资料，我都剪下来集成专册，并在教学中大胆应用。碰到自己解决不了的问题，我便骑上自行车到街道中心小学找老师请教。怕耽误上课，我常常中午时间到老教师家中，一边干活，一边交流。这打动了老教师，我也得到了他们无私的帮助。功夫不负有心人，后来不管上什么课，我都驾轻就熟，得心应手，再也不怕上公开课了，还巴望着举行更大规模的公开课，越有人听课越来劲，成了课堂上的"人来疯"。

小学教师讲出一口流利漂亮的普通话，会为课堂教学增色不少。为了练好普通话，我每天跟着广播、收音机学，把发音示意图贴在墙上，对着镜子反复练习发音，还随身装着一面小镜子、一个小本子，有空就咿咿呀呀地念。经过努力，我的普通话水平不断提高，代表镇参加城阳区组织的普通话比赛获一等奖，代表城阳区参加青岛市教育局组织的普通话演讲比赛获得二等奖。

鲜红的荣誉证书，像一份神奇的礼物，给了我无比的欢欣和鼓舞，更增添了前进的动力和信心。

我始终坚信一点，开弓没有回头箭，走在耕耘的路上，不管如何艰辛，一路付出，一路收获，我的目标是做一名优秀的乡村教师。

成为青岛市教学能手

举办公开课，参加演讲比赛、普通话比赛这样一些教学比赛类活动，原本寂寂无闻的我，竟然给教育系统各级领导留下了印象。原崂山区教研室的语文教研员李媛老师非常认可我，提议教委办给我换一所交通条件好点的学校，这样举行教研活动时会更方便一些。

命运女神"眷顾"了我。尽管有点恋恋不舍，1992年秋，我由大胡埠小学调到了小胡埠小学，并承担起九年制义务教育教材的试教工作；同时，我参加了学历进修，被青岛教育学院录取为专科生。

为了搞好试教工作，我利用业余时间，撰写了十余万字的读书笔记、六大本课堂纪实，其中有两本受到人民教育出版社教育专家的好评。我所设计的"培养阅读习惯，提高阅读能力"实验专题，通过一系列的实验，取得了意想不到的好效果，使学生的阅读能力、作文写作水平得到大幅度提高，在全镇的统一质量检测中连年名列前茅，其中赵格同学的作文获得市级奖励，并在《红蕾》上发表。

在小胡埠小学开始义务教育教材的试教工作后，有关领导也就频繁来听我的课了。1992年10月份，我上了人生第一节全区小学语文公开课。

我要讲的课题是"海底世界"。那段日子，我没白没黑地备课，一遍一遍地试讲。

没想到，我上课前连着拉了好几天肚子，身体处于极度虚弱的状态。上课当天，我的身子就像筛糠一样不停地哆嗦，一股巨大的紧张力量附在我的身体内。

要知道，这是100多人参加的听课活动，万一讲砸了怎么办？我想起了在师范学校参加市排球赛时的情景，在实力不敌对方的形势下，我竟紧张到几乎要瘫倒的地步，连发球都不会了，哆哆嗦嗦，球总是不过网。

当时，我们的教练刘少将老师频频提醒我："建娥队长，不要紧张，按照我们自己的节奏打。"可我已经紧张得一塌糊涂，动作都变了形，组织不起任何战术。刘老师叫了暂停，狠狠地吼我："输就输了，怕什么，我们就这水平，正常发挥就行，结果无所谓的。"此时，刘老师的吼叫声如在耳畔震响。是啊，我就是我，我已经做好了充分准备，就是给孩子们上一节平常课而已，不要自己吓唬自己了。于是，我整理好衣服，夹起书本，镇定地走出办公室。上课铃一响，我大踏步迈进大会议室，随着一声"上课"！我的"表演"开始了，很成功。下课铃响起时，我很兴奋，因为我听到了掌声。

在试教工作的三年里，我每年举行的镇、区级公开课达10余次。每一次课都是一种严峻的考验和磨炼，我的课堂教学技艺越来越娴熟。1994年，我加入青岛市语文教学骨干教师培训班，1995年被评为区级教学能手，1999年被评为青岛市小学语文教学能手。在教学中，我时刻注意积累教学经验，撰写的《如何培养学生的朗读能力》《结合语文学科特点，培养学生素质》等多篇教学论文评为区级一等奖。

语文教学一直是我的最爱，我无论是一线教师，还是教学点的负责人，乃至当了校长，从没放弃语文教学研究。1995年，我被评为原崂山区教学能手；1997年在全区举行了语文教学研究课、公开课，我一人连着上了两节课，完整地展示了整篇课文的教学。随后我依据这两节课的教学实战经验，撰写了论文《明确任务，优化过程，提高效率》，获山东省百家论文评选二等奖。这令我振奋不已，毕竟自己的研究成果得到评选专家的认可。加油吧！我朝着目标逐日奔跑。

难忘1999年。

那一年，城阳区教育系统举行青岛市教学能手评选选拔活动。机会来了！兵养千日，用在此时。我心想，一定要凭借青岛市教学能手评选这个平台，给自己10年的教学生涯画上亮丽的一笔。

选拔过程可以说是困难重重、惊心动魄，结果一路过关斩将，我竟然顺利选拔上了，获得参加青岛市教学能手评选资格。这一资格来之不易。

我知道，这次评选活动是我"唱戏"的更大的舞台。我一定要好好把握住这次机会，做一个出色的"主角"。

这年的秋天，在忙碌而焦急的等待中，青岛市教学能手评选活动拉开了大幕。为体现评选活动的公平公正，评委会一直对评选方式保持缄默，直到评选的前一周才公布了评选形式和时间，采取现场抽课题、说课加上课的形式。

那一周终生难忘，因为我报的是小学高学段的语文课，所以得用一周的时间，将小学高学段的所有课文准备好。我白天在学校正常上课，管理好学生，晚上才能静心备课，几乎每天挑灯夜战至凌晨一两点。孤灯相伴，虫鸣左右，奋笔疾书，心若止水。我坚信，困难再大，在勇者面前它会退却。

万事已俱备，只等战鼓催。

那次活动是在平度进行的。比赛第二天就要开始了，上午10点才发布通知："请带好第12册语文课本30本，于晚上6点前赶到平度市供销社宾馆。"节外生枝的是，我们学校第12册书还没发下来，需要自己想办法解决。此时此刻，我是真心感谢原大胡埠小学的老校长。他当时在棘洪滩小学任教，一听说我缺少上课用书，用浓重的乡音告诉我："你赶紧准备说课上课的材料吧，书的事我来解决！"感恩前进道路上给予我无私帮助的好人！

下午3点，我匆匆忙忙乘上车，经过2个多小时的颠簸，终于在6点前赶到了平度供销社宾馆。晚上7点，公布了课题，并对全体参评人员实行封闭。我抽到的课题是第12册第9课《月光曲》。一踏上教学岗位，我就接手教六年级，到后来几年一直从事小学高学段语文教学，我对那些课文已是烂熟于心，加上此前一周的尽心准备，凭着这几年练就的扎实的基本功，我对第二天的"战斗"充满了信心。晚上轻松写完说课稿，第二天上午的说课进行得非常顺利，第三天说课成绩公布，我如期进入了下一轮上课环节。

于是，我全力以赴准备上课。

那个时候电脑很少，但也有个别选手是抱着主机去的。这令我有些紧张，我手里只有一个三辰影库出的朗读的录音带，这样我肯定会吃亏。正在为难时，在走廊上我听到一个选手说："我这连贝多芬的《月光曲》的曲子都找到了，可惜用不上了。"我听后连忙上前问："可不可以借我用一下？"她看了看我，无奈地说："好吧，也算我没白忙活！"哎呀，真是苍天佑我啊！

伴随着优美的《月光曲》，我声情并茂地朗诵完课文，正好下课铃声响起，突然教室里掌声一片。参加听课的老师，全部起立鼓掌。我赶紧弯腰鞠躬，隐隐预感到胜利就要来了。

果然，我当选为当年的青岛市教学能手。荣誉来得确实艰难，而对我来说却是水到渠成，胜券在握。正如盖房子，地基打得牢固，材料准备齐全，只要人力足够，岂有不成之理？

如今翻出当时手写的资料，那评选的过程历历在目。

我隐约记得借我磁带的那位选手是即墨人，但再也不曾碰面，无以回报，只好在此表示衷心的感谢了！

附：《月光曲》教案

教学要求：

1. 了解贝多芬创作《月光曲》的经过，深刻体会作者所具有的卓越才华和对劳动人民的同情之心。

2. 在理解课文内容的过程中，初步学习分辨实物和联想。

3. 牢固掌握课文生字新词。

4. 有感情地朗读课文，背诵最后三个自然段。

教学重点：

1. 通过理解重点词句含义，体会贝多芬即兴创作《月光曲》过程中思想感情的变化。

2. 分辨课文中哪些是实在的事物，哪些是由实在的事物引起的联想。

教具：投影片、录音机。

教学过程：

一、简介作曲家，导入新课

同学们，今天我们来学习一篇新课文，请同学们齐读课题。课文大家已经预习过了，那么，你们知道这篇课文讲的是谁的故事吗？你们还知道发生在他身上的哪些故事？是从哪里获悉的？

简介贝多芬：出生于 1770 年，1827 年逝世。贝多芬从小就表现出非凡的音乐才华，10 岁举行公开音乐会，12 岁开始作曲。家境贫寒，受尽磨难，对劳动人民十分同情。他一生创作了大量举世闻名的音乐作品，《月光曲》就是其中的一首。

二、整体感知课文

1. 那《月光曲》产生的原因、经过、结果如何呢？请同学们一起欣赏课文。请看电视屏幕。

2. 回答上述问题，教师板书：琴声弹琴即兴创作。

三、详细理解课文内容

（一）哪个自然段写了事情的起因？

1. 指生读第二自然段，你从中了解到什么？学生回答后，教师出示投影第二自然段。

2. 用彩笔圈出"幽静""断断续续""茅屋"。

"幽静"是什么意思？（这里指偏僻、清净的意思）结合上下文，你能体会到什么？（他生活在劳动人民之中。）

"断断续续"是什么意思？（时断时续，课文里指琴声不连贯，课件显示弹琴人对所弹曲子还不熟练。）

"茅屋"说明什么？（说明这一家生活得极度贫苦。）

1. 贝多芬在幽静的小路上散步，他的心情是怎样的？（平静。）谁能用比较舒缓的语气朗读一下？

2. 刚才，我们学习完了课文的第二自然段，谁能说一说我们是怎样学习的？

小结：刚才我们抓只重点词句，理解内容，并通过内容体会作者表达的感情，还进行了朗读。同学们学得非常好，下面我们就用这种方法自学课文的3—7 自然段。

（二）学习课文2—7 自然段。

1. 同学们，请带着老师的问题自学，边学边思考：

贝多芬是在什么情况下走进茅屋的？贝多芬弹的第一首曲子是什么？一曲弹完了，为什么又弹一曲？请一位同学读一下课文相关段落。

弄明白这几个问题之后，大家要深入地体会一下这些内容，然后进行小组讨论。分组讨论之后，我们共同交流，看看哪一组的同学发言积极，体会深刻，表达得好。开始。（5分钟）

2. 谁愿意起来交流一下，可以针对这些问题谈，抓自然段的意思谈，不明白的问题可以提问。总之，针对课文内容，你想谈什么，就说什么。

① 第3自然段通过兄妹对话，体现了妹妹对音乐的渴望以及哥哥的内疚之情。贝多芬听到对话之后，他觉得怎么样呢？有感情地朗读。

② 第4自然段讲贝多芬进屋后看到的是一个贫困的家庭。

③ 第5自然段，贝多芬看到这一切，充满了对盲姑娘的同情，所以直率地对主任说："我是来弹一首曲子给这位姑娘听的。"读出恳切的语气。

④ 第6自然段重点理解盲姑娘的话："纯熟"指功夫深，技术娴熟。从盲姑娘激动的赞美声中可以联想到贝多芬弹奏时是充满激情的，也说明盲姑娘有音乐素养，不仅爱音乐，而且懂音乐。

盲姑娘想：弹得如此纯熟，对音乐的感情体会得这么深刻，只有贝多芬本人才能做到，便猜到是贝多芬，连说两个"您"表达了她突然听到贝多芬的演奏、实现了自己美好愿望时的激动。

⑤ 贝多芬可能在想什么？一个穷孩子，双目失明的可怜的孩子，偏偏这样爱音乐，又这样懂音乐，想不到在这儿遇到知音。所以他用"我再给您弹一首来回报盲姑娘"。

⑥ 分角色朗读2—7自然段。

小结：一个双目失明的小姑娘，不但爱音乐，而且懂音乐，使贝多芬非常感动。他决定再为姑娘弹一首曲子。他的心情已非常激动了，此时此刻，他又看到了什么？

（三）学习8、9、10自然段。

1. 让我们齐读第 8 自然段，根据课文的描述，请同学们找出贝多芬看到了什么。

① 看到了什么？（月光、清幽、凄清、幽静、兄妹。）

② 他按起琴键来弹的是什么？弹的和他看到的有什么联系？月光泻进屋里，使茅屋变成一个银白的幽静世界，仿佛进入了童话中的仙境一般，贝多芬望了望穷兄妹俩，清幽的月光照着他们，感到他们是那样纯洁、质朴和可爱，联想到美好的音乐应该给予穷苦而又爱好音乐的人们，就像幽静的月光照进茅屋一样。贝多芬要用乐曲把小女孩的思想感情表现出来，于是弹起了《月光曲》。

2. 贝多芬按起琴键来，他要表现什么呢？下面我们来学习第 9 自然段。

① 哪位小朋友勇敢地站起来读一读？

② 下面老师放段音乐，你们能从中听出点什么吗？学生回答。

③ 课文中哪几句话写出了这段音乐表现的内容，投影出示这几句话：

第 1、2 句写了什么？（月亮升起，平静的海面上洒遍了银光，这时音乐一定是舒缓的，表现月光下的一切都很幽静。）

第 3 句写了什么？（月亮升高，穿过微云，这时音乐一定逐渐增强，有了曲折，表现微云开始破坏幽静。）

第 4、5 句写了什么？（风起浪涌，宁静完全被破坏了，这时音乐一定是高昂激越的，表现了整个世界充满风浪。）

再放音乐，有感情朗读，配乐朗读。

④ 此时皮鞋匠看看妹妹，她觉着妹妹仿佛也看到了波涛汹涌的大海，为什么说她“仿佛也看到了”？皮鞋匠看到妹妹的表情联想到：妹妹虽然眼睛失明，但她懂得音乐，完全陶醉在这美妙的乐曲声中了，所以说盲姑娘仿佛也看到了。（落实教学目标，分辨什么是实物，什么是联想。）你们从这一段的描写中能体会出音乐家贝多芬的哪些特质？（卓越才华。）

⑤ 让我们伴随着音乐强烈的感染力和对贝多芬的敬佩之情，齐读最

后一段。

同学们读得让我都感动了！课文告诉我们，兄妹俩都深深地陶醉在乐曲中了，这时贝多芬又做了什么？

默读第 10 自然段，说一说。（作品完成。）

四、课堂总结

这篇课文为我们展示了一个美丽动人的故事，但这个故事也让我们了解到贝多芬是一个才华卓越的音乐家，他对贫困的劳动人民充满了深深的同情之心。

师朗诵课文。（播放音乐）

布置作业。（课件出示）

1. 从课文中找出 4 个生词，带拼音抄写一遍。

2. 观察周边事物，运用实物描写与联想描写的方法，写一段百字小短文。

到更需要的地方去

1995 年，我有了自己的宝宝。宝贝的到来，给平淡的生活增添了无限的乐趣，也带来了无尽的劳累。

1996 年春天，休完产假，领导安排我到铁家庄小学任教。我一听就蒙了，那是一个只有不到 100 个孩子的学校，而且那个学校离我婆家有 10 里地，离我娘家有 15 里地，而无论是我婆家还是我娘家门口都有学校，我去这两所学校中的任何一所学校都方便给孩子喂奶。于是我找到领导，央求领导照顾一下这种特殊情况。领导听完我的陈述，很是为难。

领导说："这所学校连同代课教师共有 5 位，其中一个代课教师突然提出不干了。现在缺了一个班主任，上哪里去找老师啊！我明白你的难处，但是孩子耽误不起啊！"领导的话触动了我的内心，是啊！我现在也做妈妈了，深深地体会到孩子的前途耽误不起。我也知道孩子们多么渴望有自己的班主任，多么渴望有老师上课。天生倔强好胜的本性又一次被激发了出来：去！

我接受了任务，也开启了另一段艰难的生活历程——怎一个"风雨兼程"的生活历程啊。

天有不测风云。在我孩子刚满 8 个月的时候，本是家里顶梁柱的公公，毫无征兆地查出肺癌。婆婆支撑不住，一下子病倒了。而年逾九十的祖母婆婆常年躺在床上，需要有人喂饭，擦屎端尿。

我是语文老师兼班主任。怎么办？请假？可是，学校工作千头万绪，刚刚开始的固定资产清查工作也紧锣密鼓地进行着，还有那让我牵肠挂肚的 30 多双天真的眼睛，正在巴望着老师给他们上课呢。不！我不能请假！唯一的办法是动员丈夫离岗。丈夫心疼我，无可奈何只好离岗。

从此丈夫失去了工作，家庭失去了一份重要的收入。

对丈夫，我既愧疚又感激。丈夫一直都是理解我，支持我的，他离开已工作了 10 多年的岗位，默默地承担起照顾老人的重担。而还没断奶的 8 个月的儿子，我只得送回娘家去。

下面是我整整延续了 367 天的生活轨迹。

清晨，别人还在沉睡中，我便早早起床，先到婆婆家看望公公婆婆，照顾老人的早起生活，再回到家中把沉睡中的儿子抱起来，放到自行车后座绑着的小铁筐里，送到 5 里之外的小胡埠娘家，然后再骑着自行车返回 15 里外的铁家庄小学，常常还是第一个到学校。下午处理完学校工作，便匆匆地赶到小胡埠村，把孩子接回家，再去帮丈夫伺候公婆和卧床不起的祖母婆婆。

我别无选择，因为工作需要，因为乡村的孩子更需要。

挚爱教育，源于人生的追求，源于教师的责任，源于母爱的本能。因为爱，所以才一路执着，忘了疲倦。

在这段旅途中，有一幕我终生难忘。

1996年秋天，上级安排了学校固定资产清查工作，但因为这项工作之前谁也没干过，所以上上下下都遇到了各种困难。教委办几次召开各校负责人会议，传达上级领导的指示要求。

那天中秋节，会议接近晚上7点才结束。我急匆匆骑上自行车，一路狂奔到小胡埠娘家接上儿子往家赶，走到半路，儿子便睡着了。回头看看已经睡熟了的儿子，歪着身子，小脸冻得通红，不由得眼睛一热：孩子委屈点吧，谁让你的妈妈是一名教师呢！

好不容易赶到自家的胡同，月光下，一对人影在深秋的寒风中伫立着。定睛一看，那不是已经得了重病的公公和身体刚刚好转的婆婆吗？

公公双手拄着拐杖，手不停地颤抖着，那佝偻的身子在寒风中显得更加单薄，似乎风一吹就要摔倒。旁边的婆婆搀扶着公公，眼巴巴地望着我和自行车后座上的儿子。

"爹，娘，你们这是干什么？"我不知道发生了什么事，惊问道。

"你一直没回来，咱爹跟咱娘担心，非要出来望望不可。"围着围裙的丈夫随后跑了出来，埋怨道："今天过节，你俩怎么才回来？"

望着两位风烛老人，我此时再也控制不了，不由得放声大哭。

"孩子，别哭，我没事。一个人有点追求好啊！当老师是有责任的，我不怪你，回来就好，回家吃饭吧！"公公用微弱的声音安慰着我。

我一直很感恩我的公公，可以说公公是我人生路上的良师。他当过校长，平日对我很理解也很支持。此时此刻，我还能说什么呢？我只有加倍努力工作，不辜负老人家的期望，用行动来报答公公婆婆的恩情。

让我终生遗憾的是，公公去世了。我知道自己不是一个好儿媳，在公公生前没有好好伺候他，可公公那在寒风中的身影，那纯朴感人的话语，那平时谆谆的教导，深深地铭刻在我的脑海里，成为永不磨灭的记忆，成为以后不畏艰难、坚定前行的不竭动力。

我的努力得到了上级领导的认可，在这过程中我被提拔，走上了领导岗位，成为铁家庄小学的负责人。

新的工作岗位，对我来说意味着更大的责任、更多的任务、更高的要求。忙、累，还是一如既往。但对自己更加严格要求，做到重活累差一马当先，待遇荣誉先人后己。

1996 年的深秋，教委办组织各学校教师义务献血。当时大家对献血还不太了解，都怕对身体健康造成不良影响，动员了几天，也没人报名。我知道，此刻大家都在盯着我，考验我的时候到了。

我毅然决然给孩子断了奶，去献了 400 毫升鲜血。我眼盯着自己殷红的鲜血，缓缓流淌进白色的血袋中，不知道这袋鲜血会对我的身体健康造成多大的影响，心里惶恐极了。但是，我是学校负责人，组织号召，我不上让谁上？

带着几片饼干、一本献血证书、一枚献血勋章，回家的路，走起来是那么长，那么长……

1997 年，我光荣地加入了中国共产党，成为一名中共党员。

三、思想震撼，理念萌芽

思想震撼的华华事件

教育，不仅是一份职业，更是一项事业。

从事教育工作，要有一种使命感、一种责任感，那就是呕心沥血，教书育人，培养人才；作为教育工作者，要有一种信念、一种信仰，那就是倾情奉献，做孩子未来幸福的奠基者。爱与责任一肩挑。

在小胡埠小学工作了 4 年，我收获了不少的荣誉和赞扬，但让我牢记心怀的是一个叫华华的学生。

1992 年秋天，我接班小学三年级。三年级的学生大多不到 10 岁，但她的年龄已经十二三岁了。她是一个智力残缺的孩子，留级来到我班。因为年龄偏大，个子又高，同学们戏称她为"大华华"。她一个字也不认识，一道题不会计算，唯一能做的事，就是照葫芦画瓢。看到同学们在本子上写字，她也就照着画上，往往是驴唇不对马嘴，但每次都恭恭敬敬地把作业交到我手里。有一天，体育活动课上，我正带着学生在操场上玩球，她来到我面前，一双纯真的眼睛直直地盯着我。

"老师，你为什么不批我的作业？"望着她的眼睛，我竟噎住了，不知道该如何回答她的问题。是啊，我为什么不给她批作业？她是我的学生，她也有被人认可的需求，她也需要被人尊重的感觉啊。

我错愕，知道自己失职了。

这件事情给了我不小的震撼，无论这个孩子是什么情况，都需要得到公平的待遇啊。"一个都不能少"的教育理念，在此时此刻，在我的心里埋下了种子——每一个孩子来到这个世界上，都是父母的天使，他们模样不同，个性不同，但只要存在就是合理，就需要受到公平公正的待遇。世界上没有一朵鲜花不美丽，也没有一个孩子不可爱。教师不应该有分别心！

"子不教，父之过；教不严，师之惰。""有教无类"，师祖师宗对教师的定位是非常正确的。学生进入学校，如果没有成长好，教育好，教师是应该被问责的；不管学生如何，教师都应因材施教，让每个学生都能成长成才。

每个孩子天生有着无穷的能量，有着对美好事物的向往，他们渴望被发掘，被点燃。但是，不知道大家是否发现这样一点：随着孩子越来越大，他们的能量差距也越来越大，那可能是他们的老师给孩子点燃了不同的火焰。为让你的学生未来人生能燃起熊熊烈火，为师的需要不停地加油，加油！

一个都不能少理念的诞生

也就是在 1998 年，铁家庄小学被划为教学点，五六年级的孩子要到 5 里之外的完小上学。把第一批孩子送去后，我特别挂念他们，一直牵挂着他们在新学校的表现。

恰好，完小举行教研活动，要求各学校的负责人参加。我高兴极了，终于可以看到自己学校孩子们了。五年级上的是一节音乐课，我到处找孩子们，却找不到一个熟悉的影子。

"请问老师，怎么没有铁家庄小学的学生？"不等下课，我就焦急地问老师。

"铁家庄小学的孩子音乐基础不好，这样的活动不能让他们参加。"老师不以为然地回道。

顿时，泪水模糊了我的眼睛。铁家庄小学只有 5 位老师，没有专门教音乐的，他们的基础肯定不好，可基础不好就没有权利上课吗？就没有权利参加这样的活动吗？这事强烈地刺激了我，对待每个孩子都要公平啊！基础差的孩子更要对他们好啊！强烈的刺激给了我强烈的想法：我一定要尽我所能，让每一个孩子享受公平的教育。

后来，我在《陶行知教育名篇》中读到，1919 年 7 月 22 日，陶行知先生在浙江第一师范学校毕业生讲习会上，以《新教育》为题做了演讲。他说："我们不可以为了一个人去牺牲九十九个人，也不可以为了九十九个人去牺牲那一个人。"

这是对"面向全体"和"一个不能少"的多么好的阐述。它着眼于受教育者及社会长远发展的要求，以面向全体学生、全面提高学生的基本素质为根本宗旨；以注重培养受教育者的态度、能力，促进他们在德智体等方面生动、活泼、主动的发展为基本特征的教育。

一个人要有自己的梦想，用梦想来改变现实，改变周围人的行为。我的梦想就是，让更多的乡村孩子得到均衡的发展，接受全方位的教育，见识更广阔的世界。

乡村教育工作是辛苦的，责任重大，但也是充实的，快乐的。从普通教师到教学点负责人，再到街道学校校长，我真切地体悟到乡村教育的困境与挑战，感受到乡村教师的使命与光荣，更加明确自己作为一名乡村学校校长的责任与担当。

农村比城市更难，但农村教育的高度才是这一区域教育真正的高度。乡村教育没有多余的教育资源，更多地需要自我创造并且倾尽所有。乡村教育不易，需要的内心深处永不放弃的倔强和绝不气馁的勇气，所以无论是任职校长，还是从事一线教学，我都在用实际行动为农村教育的发展贡献着自己的力量。

教育的本质就是发掘被教育者的潜能，培养人自由全面发展的能力，使学生获得最适合自己的教育。教育是有生命的，不是简单的教与学两个孤立的部分。教育的生命就是爱心，没有爱就没有教育。无论课堂教育还是课后教育，实际上都是一种爱心的传递，而不只是简单的上课和交流。教师上课时给学生的一个眼神、一个启示、一声问候，这些对学生都有很大影响。当前"慕课"等网络课程迅速发展，很多人提出学校还有没有必要存在。其实，无论科技发展水平有多高，信息传递有多迅捷，学校教育都不会消失，学生在校园通过课堂教学，通过师生互动，感受教师的爱心，这是任何网络课程都代替不了的。师生之间的情感传递、智慧启迪是不可能被新技术、新手段、新媒体取代的。

理解教育的本质、担负教育的责任、领悟教育的生命，才能把握教育的科学过程，努力把每个学生都培养成才，使他们尽量优秀，有参与社会竞争的能力和素质。"一个都不能少"的理念诞生了。

"三八"节演讲

1999 年，铁家庄小学要求合校，我也希望我们的孩子能够到棘洪滩中心小学去。那一年，棘洪滩中心小学刚刚搬进新校，校长、副校长需要竞聘产生，我报名参加，被安排到这所小学当副校长，这也是我第一次参加校领导岗位竞聘。于是，我带着铁家庄小学的 70 名学生走进了街道中心小学。铁家庄村书记不停地嘱托我："孩子们就交给你了，你一定要上心啊。"村书记那诚恳和充满期盼的嘱托，我始终牢记在心。

2000 年的"三八"国际妇女节，我有幸被街道妇联选中，到庆祝会上去做演讲。于是，我的"情系教坛，赤心不移"主题的演讲"横空出世"，未料却"惊艳"了全场。

组织给我的舞台越来越大了，我展示自己舞台"功力"的机会也越来越多了。我幼时奢望的"唱戏"之梦，在农村教育这片热土上，大幕早已拉开。

尽管从踏上讲台的那一刻开始，我一直在负重前行；但是，源于对家乡教育的挚爱，源于家乡父老乡亲的重托，源于农村孩子对知识的渴求，源于儿时梦想的实现，我从不敢有一丝一毫的懈怠。

我知道，我是一名名副其实的乡村教师，但距离"优秀"，还有很长很长的距离。

距离，就是前行的动力！

第二章　创建舞台

　　——唤醒生命，文化唱戏

"戏" 语

　　身处教育资源匮乏的农村环境，如何唤醒生命，焕发活力，关键在于
精神的统帅，文化的引领。学校内生的文化，只有在一个坚实的舞台上，
才能唱出精彩的"大戏"。我在教育这条路上涉水跋山 30 年，文化一直
在扮演着不可或缺的角色。

2000 年暑假，青岛市城阳区棘洪滩街道教委办组织了一次大规模竞争上岗活动。我参加了这次竞聘，并且竞争成功，被分配到了中华埠小学担任校长，成为真正的学校负责人。

在中华埠小学担任 11 年校长后，2011 年，城阳区教育和体育局（简称"教体局"）面向全区公开招聘两所区直学校校长，这是史无前例的大举动。在镇教委办领导的鼓励支持下，我再一次参加了竞聘。经历了笔试、面试后，我出人意料地考取了全区第一名。组织信任我，把一所新建学校——天泰城学校交到我的手中，我成了该校的首任校长。

10 多年学校管理经验，使我越来越明确地认识到校长的责任与义务：为老师、学生成长搭建舞台，为老师、学生唤醒生命架起桥梁。其最有力的武器，就是创建学校特色文化——这是新形势下学校发展的根基与灵魂。

2012 年，在支教岛李淑芳老师的引荐下，我非常幸运地与中国教育科学院德育处王磊主任、基础教育研究所陈如平所长及他们所带领的团队结识结交，才真正从理论上系统地学习了学校的管理之道。特别是陈如平所长提出并创建的全国"新样态"学校，及他所重点强调的"文化内生"理念，让我脑洞大开；同时，我隐隐地感觉到自己初到学校时产生的管理理念与专家们的理论接轨了。

在学校管理新理念的指引下，在区教体局领导的大力支持下，在天泰城学校，我跨出了人生重要的一大步，向有"戏"校长逐步靠拢。

2017 年 8 月份，根据组织调配，我到了青岛市城阳区第三实验小学。在这个岗位上，我踏踏实实地践行着"文化内生"的教育理念，践行着学校文化就是学校建设"根与魂"的办学理念。

一、"向上文化"凸现校园文化特色

改善农村孩子成长环境

2000 年暑期竞聘上岗，我成了中华埠小学校长。中华埠小学师生共 300 多人，在棘洪滩街道是规模第二大的学校。

俗话说"新官上任三把火"，而我首先遭遇三大"难"：危房压顶，搬迁新校，四校合一。

对于困难，我向来是抱着"兵来将挡，水来土掩""车到山前必有路""世上无难事，只怕有心人"的处事信念，从来不肯向困难低下自己倔强的头颅，从小就这样。

有人说，苦难的经历是人生莫大的财富，我认可这一点；但经历磨难时的痛苦恐怕谁也不愿意拱手相迎。

在中华埠小学工作的这十几年，跟唐僧西天取经有一拼，可以说是风雨兼程，苦乐同舟，困难一环扣一环，磨难一波连一波，庆幸的是，结局还是令人满意的。

新建教学大楼

中华埠小学是 20 世纪 70 年代初建的，教室都是小屋架结构，屋梁是用水泥打成的。经过 30 年的风吹雨打，那些粗糙的水泥屋梁，很多地方已经有了裂痕，随时都有断裂的危险。学生坐在教室里上课，一抬头就可以看到裸露的屋顶，看到那些裂痕斑斑的水泥梁。每天早晨一到学校，我都要跟总务主任去各教室里转一圈，生怕房顶出什么问题。

教室是冬天透风，夏天送热，师生上课叫苦不迭；校园甬道是用小石子铺成的，爱闹的孩子总是喜欢用撬起的石子做武器，互相"攻击"，有一次还差点闹出人命。那天，刚下过雨，一个孩子从厕所出来，看周边没人，便用脚踢起一块石子。好巧不巧的是，在前面的小水沟里，一个学生闲着没事躺在里面，躺够了正在起身，这时石子飞了过来，正好打在孩子的眉骨上。危险是层出不穷，无处不在。

改建危房，消除危险，迫在眉睫。

从 2001 年开始起，我几乎年年打报告要求重建校舍，千方"游说"，筹措资金，终于于 2006 年，在距离原校 500 米的村西南侧，建起了一所占地 60 亩、建筑面积 8000 平方米、拥有一座 4 层教学办公楼的新校舍。

搬迁与四校合一

新校落成不到一年，2007 年暑假，街道将东毛小学、小胡埠小学，两所小学合并至中华埠小学，实现三校合一。当时教委办领导正处于新旧交替时期，学校领导班子没定，师资没定，资金没有，连教师办公桌也毫无着落。

开学在即，等不得、靠不得，我只好"赤膊上阵"，带领学校几个年轻教师，四处"化缘"。听说老工业园内有一批废弃的办公桌，我如获至宝，厚着脸皮索要，总算让学校部分中层领导有了能坐下的地方了。

在这个过程中，还发生了一个"流血事件"。

当时学校没有资金，为了省点人力费，很多事情我都是亲力亲为。拉这些桌椅时，我看到还有两个大宣传栏放到学校正合适，便兴奋地招呼大家把它们抬上车，没想到我的大拇指指甲，被宣传栏下面的一块大铁茬子勾住了，瞬间指甲盖被拔掉，鲜血哗哗地淌出来。十指连心，我疼得嗷嗷大叫，当场就涕泗滂沱，两位青年教师赶紧把我送到街道卫生院。经过医生的简单处理，我回家休息了一个晚上，第二天又一瘸一拐地出现在校园里。老师们时不时地提醒我："校长，您快回家歇歇吧，别感染了。"可我哪里歇得了啊，哪头不得牵着我的心呐！

当务之急是解决教师的办公桌、学生的课桌问题。尽管该项目已经进入区政府的采购程序，可供货商说，我们下单太晚，开学前到不了。那怎么办呢？总不能让老师站着备课、让学生站着上课吧！

经过百方打探，打听到上马街道有一批提前到的办公桌，暂时不用。我立刻联系上马街道。得知我们的情况后，兄弟单位非常支持，答应把办公桌先给我们用，但需要我们自己去他们那里把办公桌拉回来。这个学校距离中华埠小学有十多公里，没办法，我只好带领6个男教师，趁着夜色去拉这些"急需品"。天热蚊咬，什么都不顾了，直到晚上10点多，30多张办公桌被抬到了学校大厅里。这时，我跟老师们早已累得坐在地上爬不起来了。那悲摧的样子现在还历历在目。那一帮男老师真的跟着我受苦了，因舍不得花钱另请雇人，很多脏活苦活都是他们没日没夜完成的。

教师的办公桌问题总算解决了，可学生的课桌到哪里去筹措啊！天无绝人之路，我捉摸着把原来三个学校的旧桌椅先搬过来应应急，等新课桌来了再抹抹桌子"重开席"。要知道那三所小学原来的课桌净是"陈旧物"，不是破破烂烂，就是死沉搬不动。我一马当先，顶着酷暑，带领三个学校的老师，把接近一千套课桌搬进了4层高的教学楼。也就是在那几天里，我竟然创造了一项纪录——最快睡眠记录：屁股不用上床，身子一歪倒立刻呼呼大睡。

可当看到孩子们整整齐齐坐在教室里上课时，我却有了莫大的安慰，苦也好累也罢，这不都值了嘛。

新课桌是9月底到位的，搬出旧的换上新的，到10月底，一切工作方才走上正轨，师生的养成教育也日渐有了起色。刚刚想喘口气，新的任务又来了。

"根据上级有关工作要求，街道党委政府研究决定将魏家庄小学也合到中华埠小学去，这个工作组织派你去完成。魏家庄小学的校长会全力配合你。"11 月初的一天，在教委办领导办公室里，领导给我安排了新的任务。

"可是领导，这工作不应该我去做。家长们本来对合校就有意见，他们怎么能听我的呢？"我真的急了。

"王校长，组织相信你，你肯定能做好这项工作……"

领导再说了些什么，我已经听不清了，只记得自己跟踉着走出了政府大楼。因为暑期教委办领导的更换，新领导不太摸情况，所以前两所小学合校时，尽管教委办没有给两所学校的校长打招呼，但是按照前任领导的工作计划推进，合校工作还算顺利，但这两所学校的合并，困难还是很大的。

首先是两所学校的校长这一关怎么过。果不其然，当我给两所学校打电话下通知时，两所学校的校长都很不高兴。

"合校又不是小事，你说合校就合校？我们没有接到任何通知。"

"领导口头通知我，我也只好按照领导意图办事，希望你们理解并支持工作。"

两位校长通情达理，最终还是安排学生在开学日来报到了。

最棘手的是，家长那一关怎么过。

那两所学校是偏远学校，合校对家长、孩子来说是好事。家长们早就盼望着改善孩子们的学习环境，所以听说有校车接送孩子，学校又有食堂，高兴得不得了，合校是顺茬。而魏家庄小学隔着新校远，6 个社区的孩子在此上学，家长们没有任何心理准备，合校肯定会遭到阻拦。

面对这个问题，我虽然很头疼，但领导已经安排了，又不能不执行。在提前细致规划了教师、学生的具体安排后，我决定召开一次家长会。

周五下午 2 点，家长会如期举行。等家长们都坐到了操场上，我走上主席台，说：

"在坐的大爷大娘、叔叔婶子、兄弟、妯娌们，大家好！在座的人，可能有认识我的，我是中华埠小学的校长王建娥，是黄家庄村的媳妇，也是 20 年前在这儿工作过的孙存德校长的儿媳妇。我一直期盼家乡的孩子们能接受更好的教育。现在机会来了，街道党委和政府为我们提供了更好的学习环境，希望孩子们到中华埠小学上学，接受更好的教育……"

此时，操场上鸦雀无声。接着，我把学校的安排详细地给家长们做了说明，包括师资问题、校车接送问题、中午孩子们的就餐问题等。最后我动情地说道：

"家长们，我也是农村孩子。我知道你们对孩子的期许是什么。为了孩子，为了孩子有个美好的前途，我相信你们一定会克服困难，配合学校工作的。为了孩子，为了孩子美好的未来，我们周一早晨中华埠小学见！"

讲完这番话，我离开了魏家庄小学。后来，听说家长们正是在听了我的一番讲话后，为情所动，对合校一事，并没有横加阻拦。

开家长会的同时，我早已安排好校车，把魏家庄小学的孩子送到了中华埠小学。学校老师带孩子们参观了学校，进入了新的班级。班主任老师也做了大量思想工作。一节课后，我们又把孩子们送回了魏家庄小学。

新的教学环境令孩子们兴奋不已，这为顺利合校又推进了一大步。但我知道事情没有那么简单，周一早晨孩子们是否顺利到校，才是决定这件事情是否成功的关键环节。

于是，周一我安排所有的干部都到各社区帮助值班教师和司机接孩子，而我自己来到魏家庄社区，因为我知道魏家庄社区这块"骨头"

不好"啃"。其他5个社区好说一些，他们本身都是出村上学，原本需要家长接送，很不方便，现在有校车接送，午餐由学校解决，家长们当然乐意接受。但魏家庄社区的孩子，是首次出村上学，肯定有不接受的。果然，当我进了社区，就看到了下面一幕——

家长们簇拥在一起，孩子们在指定的位置站着队，但都不上车。我走上前去，招呼孩子们："同学们，按照老师的要求，有序上车，在指定的位置坐好，班主任老师在新学校里等着你们呢。"这时候，家长们便把我围了起来，其中有位老大爷，气势汹汹地指着我，骂道："就是你这个死老婆（农村人咒骂妇女用语）让俺们合校的，你说俺村这个学校，老早就有了，到了新时代反而没有了？"

我连忙赶上前，陪笑道："大爷，您是孩子的爷爷还是姥爷啊，孩子的爸妈都上班去了？"

这时孩子们都陆续上车了，但这位大爷，却挡在车前，不肯离开。

"大爷，我理解您的心情，那您能不能到路边，咱俩交流一下，毕竟您也不愿意耽误孩子的学习，是吧？"我诚恳地对大爷说道，并拉他往路边靠了靠，顺势给了司机一个手势。校车司机立即开车离开了。我的心放下了，只要今天孩子们能到校，那合校的事情就算成功了。我留在了那个村子，听村民们的唠叨。其实对孩子们有更好的学习环境，大家还是接受的，只是在情感上对老学校难以割舍。

合校任务终于顺利完成。

为了让4个学校的师生相处得更融洽一些，也为了纪念这次合校大事，我把11月8日定为校庆日。每年的这一天，学校食堂都要包包子，寓意包住我们共同的福气，也为打造心连心的和谐校园进行精神引领。

搬迁、合校的这一年多的时间里，我没有好好休息过一天，没歇过一个完整的节假日。一路上，是伴着汗水、心血和感动走过来的，苦过，累过，家庭顾不上，孩子顾不了，但看着合校平安过度，教学设施逐步到位，全校师生其乐融融，学校面貌日新月异，那些苦累也都算不上什么了。

合校后，校车问题一直困扰着我。以前的校车来源复杂，管理难度大，危险系数大。在考察了一段时间后，我决定来一次"大动作"。首先争取政策，得到棘洪滩教委办的大力支持；然后采取"社会参与、市场运作，政府补贴，家长自筹"的运作模式，进行校车运营的招投标，将原来五花八门的校车，全部采购成有正规厂家生产的标准校车，统一颜色，统一型号，统一装饰，学校指定一名副校长专门负责管理。最终，中华埠小学校车车队成了行驶于 11 个社区的一道靓丽的风景。孩子们高兴了，家长们满意了，区教体局领导将全区校车运营现场观摩会，放在中华埠小学举行，并将此作为典范在全区推广。没想到我的这个"大动作"，竟带动了全区校车运营的改革与发展。

解决了校车问题后，我便集中精力加强学校食堂工作。食堂问题是学校管理的重要环节，卫生、安全、健康，哪一样不到位都不行。首先要管理到位，精心选派工作认真负责的中层干部加强餐厅管理；其次从细节入手，从采购到制作到就餐，各个环节保证质量规范管理；另外，我还别出心裁地提出注重餐厅文化打造，加强学生"食育"。学校餐厅管理工作多次受到上级领导的表扬，许多兄弟单位到我校参观学习，借鉴经验。2010 年 10 月 28 日"城阳区餐厅管理工作现场会"在中华埠小学举办，全区参加现场会的领导、各校食堂管理人员 170 余人，当时分管教育的区长焉峰亲自参加会议，并做了重要讲话，大力表扬我们在偏远农村有如此高质量的食堂管理，号召全区中小学校向中华埠小学学习。

山重水复疑无路，柳暗花明又一村。有些工作在开展的过程中，有时候感觉已经无路可走了，但只要敢走能走，路还是会被走出来的，而且会越走越宽阔，越走越敞亮，尽管过程很艰难。面对困难不回避，面对困境不退缩，这是我在工作中一向坚持的风格。

2008 年 12 月，学校顺利通过了青岛市规范化学校验收，2010 年成为青岛市首批标准化学校。

洒泪塑胶操场

2007 年新教学楼盖起来后，我就一直对学校操场耿耿于怀。孩子们本来穿着干干净净的校服到校学习，可一从操场上回来，必定满身尘土。晴天还好些，遇到雨雪天气，那满脚的泥巴，把整个教学楼糊得是"一塌糊涂"。

2007 年给政府打报告，要求整修操场。

2008 年给政府打报告，要求整修操场。

终于，2009 年政府答应给整修操场，批拨资金 70 万元。

可当施工队进驻学校的时候，我愣住了——土地操场整修成炉渣操场。这不行，我早就做过实地考察，当时城阳区实验小学等城区学校已经使用了塑胶操场，难道农村孩子是例外？当时不知道"优质教育资源均衡"这个说法，但我抱定一个信念：只要我王建娥在这里当校长一天，就要为农村孩子争取同样的"福利待遇"一天。

于是，我马不停蹄跑到了中华埠村，找到了村书记徐耀基。

"徐书记，我在中华埠小学不一定能待几年，但是咱们这 11 个社区的孩子们，却要世世代代在这里上学。为什么咱的孩子就永远要在土里泥里爬？为什么咱的孩子就不能享受城里孩子那样优质的资源？这对咱们的孩子是不公平的！"

"你说怎么办吧！建塑胶操场，70 万资金肯定不够，缺口怎么补？"

"您能不能给街道徐书记去说说，让政府把 70 万打给学校，缺口我来想办法。这样，咱的孩子用不上塑胶操场，我负责！"

也不知道从哪里来的勇气，一堆"大话"脱口而出。为孩子们的塑胶操场，我先后两次流泪。要知道，流泪不是我的风格。

一贯支持教育的徐书记沉默了片刻，说："我试试吧。不过，王校长，这可不是一件小事啊，资金缺口很大，你要三思而后行。"

没想到的是当时街道徐正岱书记一口答应了，我满心欢喜。接下来的一个暑假，我一天没歇，骑着自行车，在棘洪滩街道的西北部、西南部到处转圈"托钵化缘"。

先到 11 个社区，跟社区书记主任协商。这 11 个社区经济都不富裕，他们也拿不出更多的钱，只能按照刚合校时约定好的每年每个学生 400 元的标准来给，也就是说这一笔钱要么用来修操场，要么用于学校经费的补助。我狠狠心，那就先用来修操场吧！

40 万敲定了。

接着我开始跑企业。我坚信企业有钱，一定会支持学校，他们的孩子还在我这里上学呢。事实证明，我太天真了，连着转了几家企业，都是空手而归。大多数企业给的答复是"支持学校，支持教育，但是企业资金运转困难，拿不出钱来"。有一家企业，我去了三次，传达室人员每次都说，领导不在家。当我第四次去的时候，一个年龄偏大的老职工告诉我："王校长，你就别来了，领导已经交代过了，只要你来就说领导不在家。我看你一趟趟地跑，实在不忍心才告诉你的。"

我背过身子，泪水哗哗地流了下来。我这是何必呢，我这又是为了谁？回到学校，坐在办公室里，我郁闷极了，可想来想去我是为了每个孩子，不能让这一个两个的挫折打倒，我还得继续！

我清楚一点，大多数企业家还是支持办学的，但因为人家不认识我也不了解我。为什么要拿钱给我？谁家的钱也不是南海潮上来的，这样空口要钱不是办法。那我该怎么办呢？就在我苦思冥想不得其法的时候，一个清晨，当我捧起水洗脸的时候，一个主意突然闪现：我完全可以把企业家们和村书记召集到学校来，召开一个座谈会，让他们共同参与到学校规划发展中来，给他们参与的权利，也让他们认识到自己的责任。这样会不会有效果？要是再把街道徐书记邀请来参加会议，成算会更高。后天就是教师节，借教师节庆祝契机，此事可成。

主意一定，我连早饭都没顾上吃，骑自行车来到学校，做了详细的方案，名头就叫"学校发展恳谈会"。我拿着制订好的方案，找到街道教委办赵思顺主任。赵主任非常赞同，但他说："徐书记到韩国考察了，恐怕得 9 月下旬才能回来。"闻听赵主任这样说，我马上反应过来，徐书记不来，恳谈会效果会大打折扣。于是我毅然决定，啥时候徐书记回来，啥时候过教师节。

可是每个企业能拿出多少钱来，我心里没底。想来想去得提前摸摸底啊，于是我走进了瑞松集团。为什么选择这家企业呢？原因是这家企业老板是村书记，主事的是老板夫人。老板夫人是个豪爽大气并且十分注重教育的人，她的两个孩子都非常优秀，都在国外留学；再说女人和女人之间还是好沟通的。我坐在她办公室里跟她聊天。

"嫂子，您一贯支持学校。这次活动您一定得帮我啊。"

"怎么帮你，王校长尽管说。"

"您先带头捐款，等过后我再还给您。"

"捐多少好呢？"

"捐多少，嫂子您定。"

"3 万，行吗？不用还给我了，我知道，你是真心为孩子们好。"我大喜过望，这比我想象中的多多了！我激动地站起身来，声音颤抖着，连连道谢："谢谢嫂子！谢谢嫂子！"

9 月 21 日，街道徐书记终于回来了，我们的活动如期进行。

徐书记坐在会议室的正中间，我主持会议。会议第一个议程，先介绍了学校发展现状，感谢政府及各界有识之士对教育的关心支持，畅谈学校未来发展规划，最后提到了学校当前亟须解决的几个问题。

会议第二议程，请与会人员对学校发展提出宝贵意见。

这时，那个提前说好的瑞松集团的老板夫人开口了，她首先表扬了我，说我多么替孩子着想，又是多么不辞辛苦挨家挨户做工作。最后，老板夫人提高声音说："我先带头为修建塑胶操场捐款5万元。"我一听差点蹦起来，这比原先说好的3万又多了2万呢。接下来大家纷纷表态，其中城阳区人大代表、广源集团徐总更是慷慨，直接捐款20万元。当98万元的数字报给徐书记时，徐书记眉开眼笑高兴地说："好了，剩下的钱，政府就出了。当校长就得这样，能为孩子们争取的就得努力争取。"

破天荒，徐书记那晚在酒店请大家吃饭，并再次表扬了我。原本这件事情我是抱着得罪领导的心态一意孤行的，但现在想来，只要一心为公，连领导都能打动。

之后我把从企业募捐到的50多万交到了街道财政所，各社区的钱就用于学校其他发展了。

2009年的暑假，整个城阳区西部4个街道的第一个塑胶操场完工。

看着孩子们在干净漂亮的塑胶操场上跑着、跳着、闹着、笑着，情不自禁，我的眼泪再次流了下来。是啊！无欲则刚，为公则勇，我的永不放弃，让农村孩子拥有了跟城区孩子一样的学习活动环境，流泪流汗碰壁吃灰都算不了什么。操场修好后，我还给街道徐书记写了一封感谢信。

后来，我被棘洪滩街道推选为青岛市"三八"红旗手，城阳区妇联执委会委员。

附：2010年给当时街道徐书记的感谢信

尊敬的徐书记：

您好！

我是中华埠小学校长王建娥。我的心中对您充满了感激之情，无以表达，只能以最古老、最朴素的方式写这封感谢信给您。

中华埠小学自建新校以来，无不倾注了您满腔心血，教学楼投资、阶梯教室投资、绿化投资、餐厅扩建投资、塑胶操场投资……您多次亲自到校指导工作，参加我们的一些活动，我代表学校 900 多名师生向您表示衷心感谢！代表 11 个社区的父老乡亲向您表示衷心感谢！

我是一个农家孩子，祖上三辈没有一个文化人。我所目睹的是父辈们的辛苦，我所经历的是农家的艰难，所以我最能理解农家孩子的心声。我常常站在台阶上，俯视这 900 多个孩子，他们是多么可爱啊！诚实、善良、健康、活泼。他们又有些可怜，没有城区孩子那么多优渥的条件，没有最好的师资，所以我作为他们的校长极力为他们争取。2007 年区政府给予区内薄弱学校资金扶持，给了中华埠小学 80 万资金的采购计划，我争取到了参加招标的机会，得到了 120 万的装备，使室内硬件设施基本到位。就是 3 年后的今天，要参加省规达标验收，各室的配备仍然是全区第一名。2009 年暑假，为完善操场，在得到您的允许后，我开始到各企业游说。吃过闭门羹，多次到一些公司去，就是见不到公司负责人。有些见到了，听到的却是对教育的抱怨。不过正是在您的感召下，现场去的企业家们慷慨解囊，我得到了极大的安慰，也为孩子们感到高兴。可我却给您添了麻烦，赵主任也批评我："不能光考虑你自己那一头，书记还要顾全大局。"恳求您能原谅。

对于我们这些经济条件相对落后社区的孩子，能够享受全街道最好的教育资源，我除了感谢还是感谢！待塑胶操场完工之后，中华埠小学室内外硬件设施基本到位，但还有些小问题，10 亩的绿化地孩子们走不进去，学校缺乏标志性景点，校门外路面破损严重，这些我们都会克服并逐步解决。目前中华埠小学重要的是加强师资培训，促进学校内涵发展。9 月 28 日，我到青岛市嘉峪关学校观看了"嘉峪关学校纪念孔子诞辰 2561 年大型文艺演出"，他们聘请了奥运会开闭幕式和国庆 60 周年阅兵式的执行导演于克先生导演了这台戏，那大气磅礴的演出场面令人震撼，演员全部是学校师生。仅一次活动，对于师资的培养，对于孩子们未来的成长作用是不可估量的。所以聘请名师到校任教，聘请名家对教师进行培养是当务之急，还要能够留住好老师（学校位置偏僻，教师大多不愿意来），而这些都需要钱，希望徐书记您能督促各社区继续给学校赞助，目的是让中华埠小学发展得越来越好！

塑胶操场马上就要竣工了，我们也在筹备学校的第一届秋季运动会，到时还希望书记您能大驾光临！我会为您发请帖的。

啰里啰嗦，浪费徐书记的时间了，再次感谢！

此致

敬礼!

中华埠小学 王建娥

2010 年 9 月 29 日夜

提升农村孩子的精神追求，养成良好习惯

改建大楼成功、完成四校合一、修建塑胶操场，这些硬环境建设并不难，难的是培养孩子们良好习惯的软环境建设。我以两件大事为抓手，全力打造学校软环境。

原本在 2002 年，在破旧的老校舍里，我就启动了"以写字为载体，加强学生养成教育"的养成教育研究。

语言文字是人们日常交际的工具。自古至今，语言文字在人们的交际活动中扮演着非常重要的角色。尤其是文字——历史的记录、优秀文化传统的传承都离不开文字。这其中不乏专门致力于文字研究与鉴赏的书法家，他们把对文字的理解上升到艺术审美的境界。但是现在随着社会的发展、网络技术的进步、科学技术的日新月异，一些人忽略了对文字的审美。以往的手写字，代之以打印、复印的印刷字；

更要命的是给相当一部分人以错误的认识——文字的书写无关紧要。其实汉字的书写应当作为一种传统文化传承下去，而不应代之以非手写的汉字。要改变这种态度，首先应该从学校开始，因为学校是人们踏入社会的"学前班"。

基于这样的认识，我开始深入课堂，仔细观察老师和学生的书写。果不其然，受现代化写字工具的影响，学生的汉字书写极不规范，甚至部分学生对汉字书写产生了厌倦心理，能少则少，能草就草；就连有些任课教师的书写也拿不到台面上去。

于是，2002年我启动教学科研课题——写字教学，以写字教学科研作为抓手，确立学校养成教育发展特色。也就从这一年起，我成了小学主体性实验课题"弘扬中华传统，探索小学生写字教学模式"的领题人。从课题方案设计、方案论证、课题启动、组织人手实施到阶段成果结题、汇报……我都亲力亲为。先后开展了师生"每日一练""提笔就是练字时"和写字达级比赛等系列活动。一番"行动"下来，孩子们的写字水平迅速提高，除优秀学生外出参加比赛得奖之外，每次街道统一考试，在众多的试卷中，一眼就能认出那是中华埠小学的学生的。

2005年，"抓写字教学，促习惯养成"全街道教育教学现场会在中华埠小学召开，孩子们写的字获得了各级领导的好评。我的论文《信息技术时代更要重视写字教学》在《青岛教育》第5期上发表。

实现四校合一，养成教育显得更加重要。

2007年，4所小学合为一体，4个学校4条管理思路，学生的学习、生活、思维习惯更是"异彩纷呈"，让人感觉中华埠小学不是一个队伍，而是一群"杂牌军"。如何将这群"杂牌军"形成一个整体，快速适应新学校生活，这个问题一直困扰着我。一个偶然机会，我途径驻扎在中华埠村社区的电子对抗团连队，适逢连队战士在进行操练，那整齐划一的队伍、铿锵有力的步伐、高亢激昂的口号一下子吸引了我。灵机一动，何不与地方部队结对，借助部队力量，加强学生习惯养成教育呢？说干就干，在村书记的帮助下，学校很快与部队达成共识，于是，城阳区首家少年军校在中华埠小学成立。

成立仪式定于 2007 年 8 月 26 日举行，城阳区教体局分管领导仇志杰书记亲自剪彩，"中华埠小学少年军校"亮闪闪的铜牌子挂在学校大门口。

"少年军校"成立的那一刻，学校跟进成立了"以少年军校为载体，加强学生养成教育"的课题研究小组，我亲自担任课题组长。不久，少年军校委员会也成立了，由部队的政治部副主任任校长，社区书记任政委，我担任军校常务副校长、学校教导主任任委员，负责军校各项工作。学校教导处负责日常管理，建立一系列的少年军校制度，如管理制度、上课制度、军训制度、阅兵制度、考评制度、表彰制度等。

军校每周设两节课，一节是国防教育课，一节是军事训练课。国防教育课使用的教材是教育部国防教育办公室和总参谋政治部主持编写的国防教育课本。教师制订了教学计划，并认真备课、上课，学校按照正规的课程来管理。

学校在教学楼一楼专门设立了少年军校德育室，陈设有关国防知识的书籍、宣传图片和英雄人物的照片，军校取得的成绩等。学员定期到德育室学习，并做出学习笔记和心得体会。学校给每个军校学员建立成长档案袋，发动学员广泛收集国防知识和军事科技发展资料，做成集锦，放到自己的档案袋中，并全部放到军校德育室供全校学员学习。各中队开展以英雄人物命名自己中队的活动，中队辅导员老师和全体队员一起讨论最崇拜哪位军人，原因是什么。全体队员同意后，定下自己中队的名称。学校用统一的格式张贴在各中队门上，如：六一中队命名为邱少云中队，五二中队命名为黄继光中队，五三中队命名为雷锋中队……各中队围绕自己的名称开展活动。

学校还利用升旗仪式、校广播站、板报、宣传栏、手抄报等途径对学员进行军事教育。为了更好地办好各种报展，我亲自邀请了胶州市向阳小学韩珍德校长为学员进行如何办好手抄报的讲座（为办好新校，我于 2007 年上半年自己联系到韩珍德校长，在胶州向阳小学学习一个周，和韩校长也成为朋友）。本次讲座之后，学员们的办报水平有了明显的提高。围绕建国 58 周年，中华埠小学第一届手抄报大赛举行。

红领巾广播站每两周播放一次国防教育的知识，军校经常组织学员收看爱国主义教育影片、听革命传统故事、给解放军叔叔写慰问信等活动。校园内形成了浓厚的爱国主义教育氛围。

军事训练课由部队教官担任教练，部队的工作作风就是严谨，即使上一节小小的训练课，他们也都撰写出训练计划、教案及活动总结。

双管齐下，少年军校的管理日趋规范化、系统化、科学化。

每周五下午 3 点，全体队员都会自觉地换好球鞋，穿好校服，迅速准时在操场站好，随后嘹亮的"一二三四"口号声响彻于校园内外，往往引得周边人隔墙观看，行人也会驻足观看；我和全体教师也会齐聚操场，班主任随队跟班，其他任课教师组成一个团队，由我带领也积极地跟队训练。仅仅一个月的时间，训练效果就非常突出了：队员们站姿挺拔，队形整齐，走起路来英姿飒爽。而我们的放学路队就是这种队列队形的延续。这已成为周边社区和校门口的一道靓丽的风景。平常学生上下楼梯、走廊活动、就餐都会自觉排队，既保证了安全，也强化了孩子们的文明意识。

少年军校的学员是小军人，也是小学员，教育他们作为一个少年军校的学员必须模范遵守《中华埠小学纪律常规》《中华埠小学学习常规》《中华埠小学员日常行为规范》等，做遵章守纪的榜样。通过军校严格的军训，严格的纪律约束，学生的组织纪律性有了很大的提高。

利用国防教育课，培养学生爱国情感和树立远大的理想。有目的地选取一些国防教育教材，向学生传授国防知识、军事知识、科技知识、历史知识等，以此培养学生的爱国情感，帮助学生树立远大的人生目标。

独生子女往往吃不得苦、娇生惯养，劳动意识差，缺乏吃苦耐劳的精神。学校利用少年儿童敬佩军人、崇尚英雄的心理，积极开展军事活动，让他们在活动中强健起来，勇敢起来，智慧起来。

参观营房，学习内务，是少年军校学员的必修课。军校经常组织学员前往连队参观学习，军营里那叠得方方正正的被褥、摆放得整整齐齐的毛巾和杯子、打扫得干净卫生的房间，每次都会给参观者以很大的震撼。许多学员回到家后，按照战士整理内务的样子，将自己的房间布置、整理得井井有条，生活和学习用品也摆放得整整齐齐。家长们高兴地说："想不到自己的孩子这么能干。"

通过参观学习，学员的生活自理能力得到了显著提高，吃苦耐劳的精神也得到强化。校园外的路队值勤、校门口的礼仪检查、校园内的不文明行为的检查，每天都有少年军校学员在值勤的身影。特别在校门外、校门口，每天早上都要提前 40 分钟到校，不管下雨、刮风、下雪，学员们坚持到岗认真值勤，充分体现了小军人的坚强意志。

学校还经常性地开展实践活动，每一次活动都对学生良好习惯的形成，起到积极的促进作用。例如：3、4 月开展革命传统教育活动；5 月开展革命歌曲大家唱活动；6 月进行军训成果汇报；7、8 月进行军事夏令营；9、10 月举行爱国主义教育系列活动。以大活动为主题，每月开展系列小活动，例如如：每年清明节，组织学员聆听烈士英雄事迹，并在清明节当天举行新队员入队仪式以及缅怀革命先烈合唱比赛或革命故事演讲比赛；与"五一"节相结合开展"我爱家乡"劳动活动，带领学员到社区清扫各种垃圾并帮助社区进行绿化以及开展绘画比赛等。野外生存训练是军事夏令营的重要活动，如"野外一日营"等。在体育课上设立军列游戏，定期组织观看军事录像带，激发学员爱军卫国的热情。

借力"少年军校"，一个偏远农村小学已经走在全区中小学养成教育的最前沿，成为全区中小学养成教育的标杆。这是区教体局领导在全区中小学养成教育工作会议上，对中华埠小学给予的高度评价。

"向上文化"的构建

新建成的中华埠小学占地 60 亩，但只有 3 栋建筑楼：8000 平方米的 4 层教学楼，容纳 300 个座位的报告厅和占地 1000 平方米的学生食堂，除了这 3 栋建筑楼，空空荡荡的校园别无他物，而农村孩子基本没有什么娱乐项目，放学后不是土里滚，就是泥里爬。所以，我一直在琢磨，如何给孩子们营造一些更健康、更快乐的"娱乐方式"。

恰逢此时接到区教体局通知，要求各学校普及体育艺术"2+1"项目。机会来了，我立刻召集相关人员，展开综合考量，因地制宜，制订工作方案。

通过综合分析，得出如下结论：

（1）师资方面：学校 3 个体育教师都有篮球专长，30 多个教师具有篮球基础知识。

（2）学生方面：有部分学生具有较强的吃苦耐劳精神，擅长中长跑，体质较好，爱好体育，但对篮球规范规则知之甚少。

（3）社区方面：每个社区都有篮球活动场地，学生可以利用节假日进行练习。于是，决定启动全校普及篮球项目工作，把篮球项目打造成学校特色。

首先制订了详细的《篮球特色项目创建方案》，确立特色创建的目的、意义，制定篮球特色创建的工作目标：即广泛深入地开展以篮球为中心项目的体育教学活动，全面提高学生的身体机能，发展学生各方面素质，做到人人学会打篮球、班班拥有篮球队、年年举行篮球赛；加强校篮球队的建设，积极参加街道、区级篮球比赛，力争每年成绩名列前茅；积极开展篮球特色教育的科研实践活动，办出自己学校的特色，走出一条具有学校特色的篮球教育新路；立足篮球特色，推进素质教育，通过篮球特色的创建，以球育德、以球益智、以球强体、以球兴教，丰富特色内涵、提升办学品位。

全套"组合拳"下来，下课时间玩篮球、放学时间打篮球已成为学生运动的常态，周六、周日的社区篮球场也被孩子们"霸占"，经常自发地组织比赛。篮球运动给各社区带来了活力，有社区书记跟我说："安装上篮球架后从来没有这么多的人，现在学生锻炼身体的劲头可足了。你真干了件好事，干了件大好事！"

2010年开始，青岛市教育局下令让各学校制订三年发展规划。在这个过程中，区教体局为推进工作组织了多次校长培训活动。在培训期间，最火热的词语莫过于"校园文化建设"，而我想：中华埠小学的成长与发展，靠的不就是一种精神的统领和文化的引领吗？直觉告诉我，这就是校园文化建设。那么它的理念精髓是什么呢？

一天中午，我倚在办公室的窗户上，看着院子里的孩子们在进行篮球比赛，孩子们投篮的瞬间，我突然有了灵感——"只要向上就能赢"。你看，篮球要想得分，必须要奋起向上投篮，而学校工作，不正是需要这种奋起向上精神的引领？就是它了，我立刻在笔记本上写下"构建向上文化框架，凸显校园文化建设特色"18个字。通过我的不断解读，"向上文化"理念慢慢地被老师、学生、家长所接受。街道教委办将街道校长交流会安排在我校举行，我在会上做了发言。

附：**构建篮球文化规划**

为打造精品，争创特色，丰富校园文化内涵，提升学校办学品位，结合我校实际,确定篮球为我校特色。篮球是一项合作的运动,要想取得成功,必定要团结协作。因此在抓篮球特色时,着力构建篮球文化,进而提升"团结协作"的学校文化,这也与我校"心连心奔向未来"的办学理念相一致。

一、特色的创建及实施

这次校园文化特色的创建共分三个阶段实施,第一阶段为普及阶段,第二阶段为提高阶段,第三阶段为长期巩固阶段。

第一阶段:普及阶段(2010 年)

主要内容如下。

1. 加强组织管理

学校成立以校长为组长,体育分管领导为副组长,体育教师为成员的篮球特色创建领导小组,具体负责篮球特色的规划和实施。下设工作小组,由体育教研组长李先斌老师任工作小组的组长,具体负责各项工作的实施。

2. 加强师资培训

为做好这项工作,需要建立一支既熟悉专业知识又能身体力行的教师队伍。学校现有的 40 名教师,篮球专业知识和专业技能远远不能满足工作需要。专业师资力量薄弱成为学校开展特色建设的过程中遇到的第一个"拦路虎"。为此,学校有针对性地对教师进行培训:组织教师学习有关篮球知识;观看 NBA、CBA 篮球赛,并聘请专业人员对照比赛录像给教师们进行分解教学。目的是使全校教师很快了解篮球的比赛规则和竞技技巧,快速进入工作状态。同时,不断强化教师职业道德,使每一位教师都能以团结协作的精神参与篮球比赛,并自觉维护比赛的公平性和竞争性。

3. 做好篮球运动的教学和普及工作

充分发挥体育课篮球教学的主渠道作用,在完成体育教学课程标准的基础上,积极在课外活动中开展篮球训练。一抓试点,先进行三、四年级试点;二抓普及,下学期各班成立 5—6 人的篮球运动小组若干个,每小组有一个以上篮球(学生自备),利用课余时间经常参加活动。班主任老师做好分组、辅导和组织活动等工作。在训练的内容上突出基础教学，利用体育课、体育活动课、晨间活动等时间进行篮球基础教学活动。将兴趣活动课的内容重新进行编排，让学生开展以篮球运动为主的体育活动；艺术教师编排篮球操，并带动全校进行学习。

4.加强以篮球为主的校园文化建设

积极向家长宣传学校创建篮球特色和学生参加篮球运动的重要意义；建设以篮球为主题的校园文化；借助操场四周的墙壁，普及有关篮球的常识性知识。学校宣传窗设立"篮球专栏"，班级黑板报设立"篮球角"，红领巾广播站每周定期播放有关篮球的内容。

第二阶段：提高阶段（2011年）

主要内容如下。

1.开展"篮球竞赛周"和"篮球文化周"活动

学校每年举行一届篮球竞赛周（上学期），学生以班级为单位分级参加比赛，不同级部有不同的比赛项目，全校分6个年级组进行：一、二年级为30米往返运球接力；三年级为1分钟投篮；四年级为"三对三"篮球赛；五年级为篮球赛；六年级为篮球赛、篮球运球三步上篮比赛。

为营造浓厚的篮球特色氛围，展示学校篮球特色成果，学校每年举行一届篮球文化周（下学期），开展一系列的篮球特色活动：篮球知识讲座，主要是结合对国内外影响较大的重要比赛实况剖析篮球技战术运用、介绍相关知识和规则；创办球迷协会，不分班级、年级，不分教师、学生，不分校内、校外，球迷们聚到一起，交流篮球知识，探讨篮球技术，共话篮球梦想。

举行篮球知识竞赛、篮球演讲比赛、篮球对抗赛等活动，通过这些具有一定竞争性的比赛，提高学生的篮球竞技水平，增强学生对篮球运动的参与感和认同感，使学生的"篮球情结"在活动参与中得到深化和升华。

2.努力提高校篮球队的整体素质和综合竞技水平

校篮球队承担着对外宣传责任，通过比赛提高学校篮球特色的知名度，因此强化校篮球队的训练非常重要。首先要在训练时间上加以保证，利用下午课外活动时间天天练，节假日分小组在各社区练和学校集中练相结合，确保训练时间和训练强度。聘请专业队教练到校指导，确保训练的科学性。本阶段力争在区级比赛中男女队都能进入前三名。

3. 抓好师生篮球成绩考核工作

考核与评价是保证特色创建的重要措施，学校制定不同年级学生的篮球项目技能考核标准，每学期组织一次学生篮球水平考级测试，同时开展评优奖惩活动，每年级评出一个"优秀篮球班级"，每班级按考级得分情况评出"篮球小明星"，给予奖励。制定教师篮球项目考核记分办法，每学年考核一次，作为教师年度考核和月考核奖发放的依据之一。

第三阶段：巩固再提高阶段（2012年）

在巩固前两年成果的基础上，2012年持续延伸，全校学生的竞技水平再进一步提高，校篮球队争取区级夺冠或有更好成绩。在特色沉淀的基础上，力争在校园前院树立起以篮球为特色的大型雕塑。

二、树立篮球特色的学校形象，发挥校园文化的育人功能，提升学校品位

1. 通过篮球物质文化的创建，树立起富有个性的学校形象

以篮球为特色的大型雕塑、操场四周的篮球文化墙、宣传栏内的篮球板块、红领巾广播站的不断广播、孩子们人手一篮球等等，这些物质文化将与精神文化相结合，在内形成气候，对外面向社会树立形象，树立起学校富有个性的社会外在形象。

2. 开展篮球特色教育的科研实践活动，编写校本教材《篮球》，使学校特色向纵深发展，学校将篮球设为校本课程，每周一节。编写校本教材，从篮球的基本知识开始到篮球规则、篮球发展的历史、篮球名人等详细编排。

3. 立足篮球特色，推进素质教育

（1）以"球"育德，培养学生良好的思想品德

篮球运动的魅力在于其鲜明的游戏性、高度的集体性、强烈的对抗性、

技战术的多样性、临场比赛的复杂性、竞赛规则的完整性。吸引学生的正是这些独特的魅力，学生在参与活动中，接受着篮球运动带来的技术上、精神上、身体上和心理上各种快乐感受，培养学生运动技术、身体素质、遵守规则、团结协作、顽强拼搏、凝心聚力的各种能力和品质，体现了"以人为根本""以生为主体"的现代教育观念，让学生在较为自由的、愉快的状态下接受教育，使学生的思想道德素质得到全面提升。

（2）以"球"益智，促进学生全面发展

现代社会需要的是全面发展的人才，是学生在德、智、体、美诸方面全面发展。篮球运动所具有的顽强拼搏、团结合作精神，不仅仅体育需要，在我们高效的课堂教学中更为重要。篮球运动对学生在课堂上的"合作、探究"小组活动产生影响，促进学生刻苦学习文化知识，从而促进了学生的全面发展，提高学生的综合素质。

（3）以"球"育人，构建和谐的人际关系

篮球校园文化不仅是搞几项篮球竞赛活动，更重要的是弘扬队员之间团结协作的精神。一场比赛，中锋、前锋、后卫各司其职，分工合作，个人英雄主义要不得，帮派要不得，只有团结协作，才能取得胜利，从而教育学生构建和谐的人际关系。

和谐、亲密、合作的人际关系具有正向功能，不仅可以满足师生交往的需要，而且有利于发展师生的安全感、友谊感，形成朝气蓬勃、积极向上的氛围。举行各种丰富多彩的活动，促进全校师生在参与活动中树立积极进取，团结拼搏，集体荣誉感，并通过教师角色的改变，与学生一起参与比赛和指导班级学生比赛，加强了师生之间的交流和沟通，教师在活动中也能发现学生身上的闪光点，从而改变或促进人际关系的好转，给人以积极向上的潜移默化的影响和感染。

（4）以"球"兴校，全面提升学校品位

通过创建篮球特色，进而提升校园文化，不仅具有物质文化，更重要的是精神文化，使全校师生具有良好的精神面貌。教师团结协作，共同进行教学教研，形成良好的教风。学生小组合作，互帮互学，顽强拼搏，形成良好的学风。学校也就有内涵的发展与沉淀，也就越来越有品位。

让"向上文化"成为师生的价值追求

教师是学校教育纵深发展的第一资源，是学生健康成长的重要引路人，是提高教育教学质量的关键因素。在一定程度上，可以这样说：教师队伍素质决定着学校教育教学质量，决定着学校未来发展走向。多年小学校长的工作经历，让我更能深刻地体会到这一点，所以如何促进教师队伍综合素质的提升，是当务之急。

然而现实情况并不让人乐观：合校后的中华埠小学，教师人数已经达到了45位，平均年龄48岁，男女人数基本均分。原先的那4所学校是偏远学校，教师成分以本村民办教师和外来被安置的教师居多。这些教师因为历史的原因，能胜任当前教学任务的少之又少，更让人头疼的是这些教师帮派意识重，工作中各行其是，热情不高，抱怨不少……问题诸多，不一而足。

如何提高教师队伍的综合素质，从何处下手，采取什么措施，这些问题一直在困扰着我。

机缘巧合，2007年9月，教委办安排我参加青岛市"教师之家"成立的陶行知研究大会。陶行知先生是我国著名的教育大家，他的大名我早就熟知，但他的教育理论我只知片言只语，不曾深入学习钻研，正好借此机会充实一下自己。

就是这次大会给我留下了深刻印象，让我系统学习了教育理论方面的知识。

我印象最深刻的是陶先生的学生——93岁的方明老先生。老人家声情并茂、感情投入地讲述了陶先生光辉的一生、奋斗的一生，和他为平民教育、乡村教育不惜奉献生命的博大情怀。可能与我自己对乡村教育投入的情感相吻合，我的内心受到了极大的触动。大会选举青岛教育学院退休教授周加惠为会长，青岛市教育局人事处的李淑芳老师做了青岛市教师发展情况的交流以及她所创办的"琴岛教师成长工作室"工作情况报告（后来，青岛市琴岛教师成长工作室发展成为现在全国知名的志愿者组织——支教岛，我终生感激这个组织）。会议结束后，我内心对陶行知研究会的专家们，一直是心向往之，却苦于没有机会结交他们。

苍天不负有心人，机会终于来了。

朋友的亲戚在青岛市老年大学学习，他认识周加惠教授，并且透露这样一个信息：有一次他们在一起聊天的时候，周老师问起城阳那边有没有积极向上的校长，想发展其成为陶行知研究会的会员。我一听，立马蹦了起来，太好了，我要参加，我迫不及待地想参加。就这样我很意外地实现了自己一个大大的愿望。

我很快就联系上了周加惠教授和李淑芳老师，当获悉李老师欲利用研究会，利用教师成长工作室，来提升教师业务特别是提升农村学校校长及教师的业务时，我如获至宝。后来几年，我紧紧跟随着李老师，跟随着一个大的专家团队。在李老师和专家们的悉心指导和影响下，我进步很快，思路打开了，眼界开阔了，也正是有这些专家的引路，一直在农村教育"戏"路上苦苦跋涉的我，"戏路"越走越宽阔，越走越敞亮。

那个困扰我许久的教师素质提升问题，终于有了突破口——走出去，请进来。

要想提升棋艺，须与高手过招。当时青岛市小学教育走在最前沿的是青岛嘉峪关学校、镇江路小学等名校。李老师牵头，中华埠小学先后与青岛市这些名校结成共同体学校。我邀请嘉峪关学校校长徐学红、镇江路小学校长焉永红到学校指导工作，邀请学校老师到中华埠小学送课下乡。一系列动作下来，校与校之间、人与人之间产生了深厚的友谊。我们需要什么，他们就支援什么，甚至连学校的合唱服也借给我们过。最重要的是，中华埠小学的教师在这些活动中耳濡目染，深深地感受到了来自名校老教师的精气神以及他们那高超的专业水准，既让老师们看到了自己的差距，又大大激发了老师们的工作热情和向上欲望。

我趁热打铁，顺势跟上，着手强化师德行风建设。首先加强政治学习。建立学习制度，组织教师认真学习关于依法从教的法律法规，铭记并自觉遵守《中小学教师职业道德规范》。其次采取各种手段促进教师成长。根据教师基础特点和各自专长，制订教师发展规划，建立校本培训制度，做到六有：有辅导教师、有教材、有计划、有备课、有辅导、有考核，灵活培训方式；采取集中培训、自学、互学等培训方式，强化师德师能，其中集中培训是主战场，集中培训为每月一主题，领导做主题报告，教师围绕主题自学做笔记，然后开展"每月一论"活动，要求教师每人写出个人反思，由学校结集保存，择优印刷成册。学校每年组织教师开展"五个一"活动，即每位教师订阅一份教育教学刊物，每人独立完成理论学习笔记一万字，设计一篇优秀教案，出示一节优质课，撰写一篇高质量教育教学论文。经过系列培训，教师的业务能力有了大幅度提高，综合素质进一步得到提升，一批师德高尚、严谨治学、精心育人的优秀教师崭露头角。

俗话说：扶上马，再送一程。看到了希望，也尝到了甜头，为进一步强化师资力量，学校又趁机出手，打了一套漂亮的"组合拳"：正式启动"牵手工程"，与嘉峪关学校结成联盟发展学校，定期派出本校教师前往嘉峪关学校蹲点学习，定期邀请嘉峪关学校优秀教师"送课下乡"；带领全体班主任外出"取经求宝"，先后到城阳仲村小学、崂山林薇小学、四方开平路小学等参观学习；选派骨干教师到上海、杭州等各名校挂职学习，邀请华东师范郭景扬教授、全国十佳优秀班主任薛跃娥老师等教育界知名人士来校介绍经验；邀请青岛嘉峪关学校、榉园小学、镇江路小学等岛城名校名师举行"同课异构"活动，现场交流，帮助诊断教师、学生存在的问题。

这一套"组合拳"打下来，教师队伍面貌一新：教师工作积极性空前高涨，教师之间空前团结，教师教学水平大幅度提升。终身从教的敬业精神、刻苦钻研的科学精神、爱生如子的园丁精神、不甘落后的拼搏精神、淡泊名利的奉献精神，这5种精神已内化为教师的固有品质。

仅仅用了2年时间，师德师能获得双丰收，教学成绩突飞猛进。学校还承担了十一五课题"个性化阅读课堂教学建构与评价实践研究"，并结题提交；在国家和省、市级发表、获奖的科研论文十几篇；培养市级教学能手1人，区级教学能手6人；有2名教师出示市级公开课，1名教师获青岛市优质课一等奖；学校连续2年被评为青岛市城阳区校本培训示范学校。

下面列举三个案例，凸显教师培养成果。

案例一：别样的同课异构：跑，跑？跑！速度与激情

2009年10月23日，在教师培养的进程中，我永远也忘不了这一天，它让我记住了什么是速度与激情，也让我知道了教师有着无限的潜力，就看当校长的如何去开发他们。

清晨6点，我乘车"跑"向市区，这样的"跑"已经有无数次了，到市区听讲座、参加教研活动、参观学校……每次都是这样。早晨"跑"去了，下午"跑"回来，不过，今天的"跑"，让我有了更多的感触。

带着一种急切的心情，我见到了小卒师傅、李淑芳老师及广水路小学的老师们。自加入"琴岛校长发展联盟"以来，我已有两次见过

小卒师傅。小卒是他对自己的戏称，他的真名叫张小兵，是山东教育电视台的一名记者，因为在全省范围内跑学校，所以对学校的发展及存在的问题都有很深的见解。他的微信名称为藏葵，听名字就知道他有多犀利了！我在此之前没有与他深交，总感觉自己是一个农村小学校长，笨嘴拙舌的，别哪句话说错了，惹人笑话。

今天，小卒师傅要到我校来了，我自然非常高兴，之前一直希望他能来学校一次。没想到，他真的就来到了中华埠小学。

一进校门，他说："我之前在嘉峪关小学半天，在镇江路小学半天……我今天一天就在你这儿了！"我受宠若惊，竟一时不知说什么才好。刚想张嘴介绍，就听小卒老师说："不用汇报，我自己会看，你给我找个一没有关系，二没有后台，思想进步，又能贯彻你校长意图的人带路就行了。"我很快为他找了一个老师。

由于光线的原因，准备好的感恩教育活动提前到第二节课进行。半小时活动结束后，小卒老师告诉我校的带路人："让教导主任马上调课，广水路小学的4位老师上哪个年级的哪个学科的课，你校就安排同一年级的同一学科的老师出课，广水路的老师听课。跑着去通知教导主任。"我在一旁傻眼了，还有20多分钟就上课，老师没有准备，不知道课上成啥样。可别出洋相啊，我一边走，一边想着。

在忐忑不安中，上课铃声响了，小卒师傅跟我说："走，咱们上去看看。"一出门，碰到两个老师，他说："走，你俩跟着我们，快！"我们快步走向一年级四班教室，老师已经在上课了，可听课的人却不多。他马上对一老师说："赶快通知你们的英语老师来听课，其他的老师也到相应的班级听课。"正好，学校赵副校长从眼前走过，我便说："赵校长，你去通知吧！"

不一会儿，学校大喇叭便喊起来："三到六年级老师到相应班级听课……"

"看看，打扰别人了吧，让她俩跟着就是去下通知的，你别指挥了，我来。"（可我们的紧急通知都是这么下的啊！陋习、陋习，必须改。）

"那我去听课吧。"我说。

"你听什么课？你是管协调的，你跟我跑！"

跑？跑什么？不就4个班吗？我心中暗想。但还是跟着他跑向3楼，五年级三班也在上课了。

"怎么听课的老师还不到？速度要快，踱着'死羊步'怎么能行！"

六年级二班开课了，四年级三班也开课了。

"走，到办公室休息吧！"我跟在他屁股后面，有些气喘地说。

"休息？跟我跑！"

跑？还要跑？

我跟着小卒师傅又返回了一楼教室，只见俩老师在后边不知交流什么。

"干什么？上课时间能聊天吗？看，跑出问题来了吧！以为我们过去了，不会再回来了。"小卒师傅大声跟我说，我不敢吱声了，老师们的职业素养有待提高啊。于是我们又返回了3楼和4楼，一位教师还在自己原班喋喋不休地讲课。

"不是要求听课吗？怎么还在这儿讲？要充分相信学生，他们能管好自己的。"我无言以对，教师的执行力是我一直强调的，但现在看来，问题还是非常多的。

"两遍了，这回该休息了吧？"

"好吧，喝口水，再跑！"

回到办公室，我一杯热水还没喝完，小卒老师起身了："还有10分钟就下课了，再跑！"

还跑啊？这一跑，还真看出了老师之间的差距：空堂的教室有的鸦雀无声，有的学生在小声议论，有的学生已经离位了。

"看，这就反映出老师平常的管理来了吧！"

下了第三节课，出课的教师和广水路小学的教师回到了校长室，我以为市区的广水路的老师应该给我们的老师评课了，但更意想不到的决定宣布了："广水路小学的4位老师，把刚才你听课的课题，再到没上过这节课的班级上课。"

只见广水路小学的老师脸色有点儿变："记者同志，你是知道我们没有准备啊！""换班，立即上。"

"可那四年级几个班都上了。"

"那就拿四年级教材到三年级上。"

"我们用青岛版教材，他们用苏教版，咋办？"

"这些数学知识你接触过没有？接触过你就上。"

再无反驳的语言，4位老师走向了陌生的课堂。

"跑，咱俩再跑，看他们的状态。"第一遍，有的老师还没有开课，倒是徐阳，这位刚工作2个月，拿四年级的教材到三年级上课的新教师，已经开讲了，真是初生牛犊啊！

跑完第二遍后，傻乎乎的我已经是晕头转向了，小卒师傅早已到了一位教师的班级听课去了。

一旁的李老师看出了门道，已经在给我们的邻居胶州、即墨以及黄岛的"琴岛教师成长工作室"的成员下通知了。

于是下午一点半，即墨的来了，黄岛的来了，更惊人的决定宣布了："咱们今天就来个PK，黄岛的先上课堂，到你任教的班级，根据学生进度上课。"

不知所以的老师们，先是瞪大了眼睛："啊……"停顿片刻后，他们马上走进了各教室。

"跑。你跟我跑，带上两个老师。"小卒继续"吩咐"我道。

经过一上午的跑，我大概已经体会到了小卒师傅的意图，教师的工作是一种专业性极强的工作，它需要的是平时的基本功积累和应变的能力。

于是我又跟着小卒师傅跑起来了！这一跑，看到有的上课老师还在看书，有的到处找教具，有的还在跟原任课老师交流，而有的已经在稳稳地上课了。

"看出什么来了吗？出过公开课、优质课的名师又会怎么样呢？"

下了第一节课，晚到的胶州教师又走进了课堂。而我和小卒师傅还在跑，穿高跟鞋的双脚似乎已经麻木了。忽然记起一件事，一个学生在答思想品德与社会的考题时，问校长是管什么的。答曰："校长是管溜达的。"恐怕此考生见到我，会答曰："校长是管冲刺的吧！"

4节课结束了，我简单统计了一下，出课教师34名，语文课17节，数学课10节，英语课6节，美术课1节，什么时候我们见这么短的时间内，如此大量的同课异构啊！

下午3点50分，全体教师都集中到了会议室，在李淑芳老师的点拨下，老师们开始了热烈的交流，你说，我说，他说，好不热闹。课有什么问题，学生有什么问题，自己最大的感悟是什么等等。感悟最多是我校的教师，一位近50岁的语文老师谈了十几分钟，看来真是深有感触啊！大家余兴未尽。6点了，我邀请老师们在学校食堂就餐。餐桌也是同学科的老师聚在一起，没听到吃饭声，倒是那议论声一桌高过一桌，估计大家都是在相互学习了吧！

7点多了，天下没有不散的宴席，老师们要回去了。

"回家后报声平安！"小卒师傅表情平静了。

大家依依不舍地走了。饭没有吃多少，却给我们留下了无比宝贵的财富。我与小卒师傅、李老师交流到接近晚上10点，如何提升教师的专业水平，如何提升教师的执行力，如何提高教师的民主管理能力，如何加强学校的监督与评价……我的管理思路开阔了，收获颇丰啊。

晚上11点50分，我给学校的领导干部、部分骨干教师发去短信："明早8点半，到校集合！"

那晚，我整夜未眠。是啊，我们该"跑"了，再不"跑"就要落后了！

案例二：走出去参观优质学校：到青岛市升平路小学学习

学校要长足发展，必须要走出去。2018 年春天，我召集了学校部分中层与骨干教师，来到了青岛市升平路小学。

一进校门，我们便被震撼了。大门口分列两侧，各有 4 人，统一西装，郑重地迎接我们。在校长热情的邀请中，我们进了大门，先由一位干部带领我们转了全校。那闻有其香的"桂花"文化，那每个教室玻璃门上的不同班级文化特色，都给我们留下了深刻印象。

接下来，每个领导干部根据自己分工，找到我们相应的干部详细地介绍自己的工作心得。我也和李朝阳校长沟通了起来。她告诉我，每个领导干部都能讲出学校文化，都有能力接待来访者，并给我详细介绍了学校的"桂花"文化。我听后真的是受益匪浅。现在我和李朝阳校长已经成了莫逆之交。

满满一上午的学习，我们一行受到了强烈的震撼，纷纷表示：回去后，我们要好好向他们学习。

回到学校的第三天，我就组织召开了一个外出学习交流会，每个干部谈了自己的感受，老师们也很受激励，工作热情慢慢启动起来了。

之后，学校也多次组织干部与教师走进了嘉峪关学校、江苏路小学、镇江路小学等市内名校，老师们开阔了眼界，增加了认知，受到了启发，工作态度与作风发生了很大的变化，为后来学校快速发展奠定了基础。

案例三：培养拔尖人才：崔老师举行市公开课

崔老师，一位可爱、漂亮的音乐老师，毕业后，分配到了中华埠小学。刚去时教音乐，每天中午，她都带一帮孩子在院子里跳舞，孩子们也整天高兴地围着她转。开学刚两个星期，因为中心小学组建英语特色班而把我们学校的英语老师挑走了，英语课没人上了。我看着这个年轻活泼的小姑娘，便与她商议，能不能先接过英语课的任务。没想到，她爽快地接受了，说"我试试吧"。而她这一试，还真试出来了名堂。

她把英语课与音乐课结合起来，孩子们在优美的乐曲中开启了英语课的学习。课堂上，嘴在动，脚在动，思维更在动。学生又跳又舞，那丰富多彩的形式让孩子们耳目一新。孩子们在不知不觉中把单词记住了、语法记住了，年底的街道期末考试，竟然名列前茅。这让我大喜过望。第二年春天，我特意邀请区教研员到学校来听她的课。教研员也大为赞赏，鼓励她努力按照一个英语老师的标准要求自己。她也很刻苦地提升自己的英语基本功。一年后举行了区公开课，我鼓励她继续进步，朝市公开课努力。第一年的市公开课，没选拔上，回来委屈地说："校长，我没选上。"

我揽过她的肩头，高声鼓励她："这有什么，第一次试试水，找找问题，继续努力！"第二年的选拔结束后，她哭着对我说："校长，我又没选上。"我紧握着她的手，再次鼓励："我听说你潜力很大，明年还有机会！"第三年，她终于选上了！

举行全市公开课，这对我们全街道的老师、全学校老师都是一次震撼。这么偏远的学校，居然能举行市公开课，真是了不得啊！老师们的心思也有些活络了，是金子何处不闪光，只要自己努力，在哪里都可以创出自己的成就。

这就是农村学校，要想唤醒生命，是多么不易，她的成绩鼓励了一波青年人的成长。后来她接岗辅导员，被评为区优秀辅导员，再后来她成了别的学校教导主任，现在已经在副校长的岗位上了。

教师成长得有精神统领、文化引领、专家带领，但更重要的是自我研修、自我成长，而榜样的示范引领作用同样重要。为让每个教师觉醒，我开动脑筋，采取了很多办法，但老师们信心不足，农村的老师怎么能有成绩啊！我只得自己带头上阵，于是报名参加区优质课比赛，继而又参加了青岛市优质课比赛，获一等奖。这也给了老师们极大的鼓舞。

发出自己的声音——成立鼓号队

在"只要向上就能赢"的校园文化精神的引领下,学校越来越有生气,但我总感觉还欠缺点什么。

对,学校还应该发出自己的声音!

农村学校的孩子没有城里孩子的优势——可以学习各种乐器,学校也没有实力成立乐团。但是,我们有"土打土闹"的鼓和号啊,每年少先队辅导员都会训练几个孩子打鼓、敲锣、吹号,然后组织二三十个孩子在除夕这天到村子里给军属送光荣灯。虽然没什么太多的曲调,但那"呛咕隆冬"的声音还是蛮响的。灵感就在一瞬间诞生——成立鼓号队。

恰巧此时区教体局组织各学校辅导员参加鼓号队组建培训,我敏锐地捕捉到上级在这项活动中应该有动作。于是,我找到街道上的辅导员,希望她帮忙联系聘请一个鼓号方面的专业辅导老师。很快,青岛市的著名辅导员——李沧区的齐向前老师来到了中华埠小学,做了鼓号队成立的前期规划。我马不停蹄,争取到中华埠社区的支持,投资8万元购买了近100人参加的乐器和服装。每个周三下午,齐向前老师都会带他的团队到学校授课,然后每天下午学校的院子里和操场上,都会有不同的乐器小组在认真地训练着,而辅导员韩晓迪老师更是尽心尽力地穿梭在各个小组的训练场地上。

功夫不负有心人。经过半年多的训练,120多人参加的鼓号操成型了。2011年的"六一"儿童节,青岛市团委、青岛市少工委联合下发通知,将要举行青岛市的鼓号操大赛。听到这个消息,我非常振奋,城阳区只有我们一家有这么壮观的鼓号队,参加青岛市比赛应该非我们莫属啊!

果然,我们接到了参赛的通知,于是又加紧了最后两个月的训练。2011年5月28日,孩子们穿上崭新的鼓号服,坐上校车,向青岛市内进发。现场来送行的家长们都激动得热泪盈眶，有的说"这是俺孩子第一次到青岛市里去啊"，有的说"看，俺家孩子穿上鼓号的服装还真帅啊"。

赛场上，那一条条彩带、那高悬的气球令孩子们兴奋异常。该我们上场了，清脆的号声响起，魏润的指挥棒甩起，雄赳赳、气昂昂的队伍进入了表演区域。解说员那清纯、圆润的普通话响起："城阳区棘洪滩街道中华埠小学鼓号队正迈着矫健的步伐、满怀激情地向我们走来，整齐的队伍，威武的雄姿，展现了中华埠小学的学子们斗志昂扬、团结奋进的整体素质。中华埠小学鼓号队是一支由 127 名队员组成的大型鼓号队，队伍共有 6 次队形变化，现在表演的队形为'时刻准备着'，寓意鲜艳的红领巾飘过来了！我们是中国少年先锋队队员，我们是共产主义接班人！时刻准备着：为共产主义事业而奋斗！现在表演的队形为'同心协力'，寓意围绕同一个目标，为了中华的腾飞，我们师生同心、家校同心、生生同心，同心协力，奔向未来！队形'雏鹰展翅'，寓意我们小雏鹰，振翅高飞，在宽阔的天空里自由翱翔！乘风破浪，在知识的海洋里扬帆前进，越高山、跨丛林、搏击万里长空！"

迎宾曲，前进曲，不同的曲子变换着不同的队形，也摆出了各种各样的造型，再加上两边的辅助队伍的表演，整个表演熠熠生辉，我和街道、区里的辅导员悬着的心终于放下，哈哈我们成功了，孩子们太棒了！

比赛结束，现场发奖。十几个参赛队伍，只有两支队伍——中华埠小学和市北区一个小学的队伍，获得一等奖。孩子们听到了大会的宣布，高兴地跳跃、欢呼起来。令我没想到的是，颁奖一结束，参加这次鼓号操大赛的领导——青岛市团市委书记陈飞同志（现在已是山东省德州市的市委书记），一下主席台，便走向我们的队伍："你们太不容易了，一群农村孩子能有这样出色的表演，真是太棒了！来来，咱们合个影。"于是就有了那张大合影。

这张合影也一直挂在了学校的宣传栏里，激励着孩子们：只要向上就会赢！敲敲打打鼓号声中，孩子们的生命被唤醒了，特别是那帮调皮的，经常被老师们批评的孩子找到了精神依托，迅速成长起来。而家长们也被这种情绪感染起来，原来对孩子不管不问的家长，也开始给我打电话了，咨询能不能让孩子进鼓号队。而更可喜的是，后来鼓号队取得了更令人惊喜的成绩，拿到了山东省"金号"奖。虽然现在我已经离开这所学校，但每次看到他们取得的成绩，我都格外兴奋。有时回老家，认识我的村民也会兴高采烈地告诉我："咱们的鼓号队又得了什么什么大奖了，俺看到得奖，就会想到你。"

我为自己曾经发出的声音感到特别自豪。

二、"爱·智"文化引领学校发展

走进天泰城学校

我在中华埠小学校长的岗位上，整整打拼了 11 年，用自己辛勤的双手，在一片白布上精心绘制成生机盎然的水墨画。学校各项工作均已理顺，多项工作在区内已名列前茅，我感觉自己在这里工作起来心情特别舒畅，底气特别足，但内心深处并没有放弃对人生、对事业的追求，隐隐觉得还有"戏"，自己还有"演出"。

2011 年春夏之交，城阳区教体局组织两所区直学校校长竞争上岗。在教育办领导的支持下，我报名参加了竞聘，过关斩将。我的名字排在了第一的位置。

7 月 11 日，我终生难忘的日子。那是一个周一的早晨，区教体局仇志杰书记亲自把我送到了城阳区天泰城学校——刚刚落成的新校。

来到学校，我被眼前的景象吓到了：教学楼的建筑围板还没有拆掉，建筑工人们还在热火朝天地大干着。校园内没有路可以走进去，我是踩着工地上的泥浆、踮着脚尖进到里面，整个校园一片"狼藉"。新到人员只有两个，我我夏庄教委办一名管建筑工程的工作人员。我一下愣住了，真的愣了。

难道这般年纪了，再接手一块白布？

此时，我不由得打起了退堂鼓，原因有二：

一是主观原因。我在原来中华埠小学的工作已经顺风顺水，各项工作均得心应手，不用再特别地动脑费心。而新的天泰城学校一片空白，基本设施都不健全，工作过程中肯定困难重重，自己产生了畏难情绪。

二是客观原因。我的家在棘洪滩，双方老人也在棘洪滩，而从我家到天泰城学校要有一个多小时的车程。我还没有私车，上班问题不好解决。

鬼使神差，下午我就来到了城阳区教体局仇书记办公室。

"仇书记，我不去天泰城学校，我还是待在中华埠小学吧！我生在棘洪滩，成长在棘洪滩，也热爱棘洪滩，愿意为家乡的教育事业做贡献。"我几乎是带着哭腔央求领导。

"你是一个有魄力的校长，在棘洪滩的工作也得到了领导及同仁们的认可。你也是一名党员，党员要服从组织安排。新的工作岗位肯定会有这样那样的困难，我相信你不是一个拈轻怕重的人。困难吓不倒有魄力的人，再说还有组织在，你怕什么？你先回家，好好考虑考虑，明天再做决定吧。"

一走出仇书记办公室，泪就不自觉地流了下来。我太难了，怎么办啊？

在这里，我要真心感谢两个人：街道教委办赵思顺主任和我的丈夫。

当初参加校长岗位竞聘时，我曾经犹豫过。赵主任把我叫到办公室，单独跟我谈话。他说："于公于私你都应该报名参加。中华埠小学毕竟是街道下属小学，你施展自己才华的舞台也小。我是看着你成长起来的，在治理学校方面你是一把好手，何不再给自己一个机会呢？再说了，上级安排的工作，我们不支持让谁来支持？"

赵主任是领导，领导还是站得高，看得远的，比我的视野开阔多了，境界也高多了。此时领导指导的话在我脑海里不停地翻腾。对呀，我人生的理想不就是要演出精彩的"大戏"吗？做优秀教师，做优秀校长，我总不会把这出大戏，放在中华埠小学这个舞台上谢幕吧？但眼前的现实困难又该如何解决呢？

把自己的纠结跟丈夫一说，没想到丈夫一锤定音："你就放心去吧！我把城阳的小房子简单收拾一下。咱们搬到城阳住，你上班问题不就解决了？你就一心一意忙你的工作，娘和孩子我来照顾。新的工作环境困难肯定大一些，这么多年了，我还不了解你？什么时候见你被困难吓倒过？没事，放心去吧！"

被动也好，主动也罢，第二天我走向了新学校。从城阳区最西北端的中华埠小学，走向了城阳区最东南端的天泰城学校，这个过程被我戏称为华丽转身的"孔雀东南飞"，由一所街道村办小学的校长成为一所区直九年一贯制学校的第一任校长。

岂料走马上任第一天，我就遇到了"下马威"。

天泰集团负责教育的梁军总经理，在教学楼一楼大厅，一个噪音相对小一点的地方，简单地把学校做了一番介绍：这是一所青岛的本地房地产企业——天泰集团，为配套天泰城小区而创建的学校，原本想办成私立学校，但考虑各种因素，还是把学校无偿捐给了政府，成为公办学校。学校为九年一贯制，现在是一期建设，二期准备2013年开工建设。

"那今年要招生吗？"我打断梁总的介绍，急切地问道。

"当然要招生了，2004年小区建设就答应业主有配套学校，如今七八年过去了，业主们那是盼星星、盼月亮啊！"梁总很淡定。

"就这条件怎么招生啊？"我可不淡定了。

"你放心，明后天这条路就修好完工了，让家长先来报名，咱们先只招收一、二年级的学生。"梁总轻描淡写地说道。

我却心事重重，知道未来的路比想象中的还要难走。

确立"爱·智"校园文化框架

一期工程还没有完全完工，2011年7月15日天泰城学校开始招生。

天泰城学校是一所新校，肩负着企业售房的重任，也承担着教体局新校发展的期待。如何在短时间内实现"稳定队伍，凝聚人心"，尽快创建一个凝聚力强的教师团队，如何塑造具有魅力的学校文化，形成学校特色，打造自己的品牌，摆在我面前的难题一道接着一道。

基于以往的工作经验，学校精神文化是学校存在与发展的灵魂，灵魂确立了，其他的就"纲举目张"了。经过反复斟酌，多方思考，我确定了"以精神文化为导向凝心聚力，以学校精神为动力引领发展"的工作思路，让精神文化引领学校发展。

天泰城新校的精神文化应该是什么样子的呢？那段时间，我苦思冥想。

学校文化看不见，摸不着，但它是客观存在的，并在学校管理中切切实实地发挥着统帅作用。学校管理者必须具有自觉的文化意识，积极营造良好的校园文化氛围，并让无形变为有形，让微小得到放大，让学校的文化通过一草一木、一人一事凸显出来，发挥其独特的影响力，达到引导人、规范人、成长人的目的。

学校精神文化，是指学校管理系统中人们特有的文化，是学校文化系统中的一个子系统，是学校文化系统中不可或缺的重要元素，是建立在学校物质文化、制度文化、环境（硬件）文化基础上的精神层面的"上层建筑"。它既可以通过学校办学思想、办学理念、办学目标、校风、校训、教风、学风等有形文字的内涵和外延表现出来，也可以通过学校师生的"公共人生"，包括精神面貌、言谈举止、理想信念、价值取向、身心素养等隐性的东西表现出来，因而更具无形、内化和隐含性。

学校精神，说到底就是一种团队精神。团队精神一旦形成，就会像一面迎风招展的旗帜，展示出强大的内聚力，能够把学校所有成员都团结在这面精神的旗帜下，真正发挥鼓舞士气、凝聚师生力量的作用。它能使群体的每个成员产生一种精神的认同感和归属感，为了实现共同的目标，齐心协力，服从集体，服从大局；它能使学校每个成员都产生强烈的归属感和责任感，具有主人翁意识和荣誉感，觉得自己的进退荣辱与集体息息相关，整个集体成员互帮互学，共同进步。

我一边安排着招生工作，一边研究着天泰集团和天泰城社区。天泰集团"爱国兴邦"的理念和天泰城社区"爱家爱天泰"的理念都给我留下了深刻的印象，初步想用"爱"作为学校文化的支撑。但是如何落到实处，具有可操作性，让我感到非常迷茫。

整整一个学期，这个事一直在"折磨"着我。

天无绝人之路，雪中送炭的来了。

新学期开学的第一个周，支教岛的李淑芳老师给我打电话说："中国教育科学院德育处（简称'中国科教院'）有个王磊主任，也是指导咱们陶行知研究会成立的引路人，想到咱们青岛来。市里几个的学校校长有事情，你那儿怎么样，可不可以接待？"闻听此言，我立刻从座椅上弹起来，急急地回复："李老师，我有时间，让王主任到我们学校来吧。"我真是求之不得啊！本来，为学校发展，我已经绞尽脑汁，没有头绪，急需有人指导。这真是雪中送炭啊。

我常常为我自己的好命而暗自窃喜，每到难处总有贵人相助。

开学第一个周的周末，天泰城学校迎来了第一批贵人——中国教科院德育处王磊主任和中国教育学会未来教育家学院张威老师。那次会面，让我看到了一个崭新的世界，看到了未来发展之路，一直在摸着石头过河的我，顿时豁然开朗。当我提出要做学校发展规划时，他们便介绍我认识了第二个贵人——中国教育科学院基础教育研究所的陈如平所长（现为教育部教育发展研究中心副主任）。陈所长对基础教育很有研究，先后两次来到学校考察，最后为天泰城学校未来发展指明了方向，更帮助我迈上了一个新的成长台阶。

2012年4月初，陈如平所长带着两位博士，走进了天泰城学校。我首先与他交流了学校的实际情况和前期的一些想法。他肯定了我们前期所做的工作和一些基本想法，认为用"爱"做主题文化还是可行的。但是一方面全国学校以"爱"做主题文化的很多，另一方面如何落地还是要认真思考的，并讲述了几个学校文化建设的案例，使我受到了很好的启发。

"爱满天下"作为学校文化的一个支撑，就这样诞生了。

可是我总有种一道佳肴味道不够的感觉，还欠缺了什么呢？

显然，学校教育光有爱是不够的，我陷入了深深的思考，寝食难安，天天瞅着这几个字琢磨来琢磨去。有个同事看我辛苦，就说："校长，别那么绞尽脑汁了，咱们周六去爬爬太和山吧？"太和山位于学校东侧2000米，是青岛市著名的风景区。我灵机一动，"泰"与"太"谐音，"太和，太和，泰和！"学校这片区域不是也可以称作泰和吗？"泰和"两字印入了我的大脑。

时间转眼到了五一休假，5月1号早晨4点左右，朦朦胧胧中我大脑里猛然蹦出"智溢泰和"四个字。我睁开眼睛找出纸和笔写下了"智溢泰和"4个字，学校不是更需要有智慧的地方吗？再把"爱满天下"

写出来，我更兴奋了，有爱有智才是学校，"满"和"溢"相互对应，而且8个字中还有"天泰"两个字，预示着天泰城学校是充满爱和智慧的地方。我高兴极了，当即把"爱满天下，智溢泰和"8个字发给了学校领导班子所有成员。

周一干部例会，我专为这8个字开了一个专题会。有的同志提出"溢"这个字太满，"满招损，谦受益，"是不是可以换个字。也有人提出用"润""扬"等字。但我都没有同意，我更希望的是"爱·智"文化能够在学校里流淌，能够在每个孩子身上彰显。

我后来又跟陈如平所长交流切磋，征求陈所长意见。陈所长给予了充分肯定，并指出：像天泰城这种后发型学校，没有历史，没有沉淀，更多的是自究根底，自我挖掘，自圆其说。

虽然后来也有专家评价我们有点自造的嫌疑，但在我的不断解读中，干部、教师、家长、学生都慢慢地认可并接受了。就这样，我们确定"爱满天下，智溢泰和"为办学理念；"爱·智"为校训；"爱智满溢，天下泰和"为校风。

后来，我在描述学校文化的诞生时，是这样解读的——

首先从企业及天泰城社区入手，天泰集团"建设爱的世界"的企业文化给了我们很好的启示。学校不也正是一个需要爱的地方吗？天泰城社区的居民来自全国各地，其中也有外籍居民，来自不同地区、不同国籍、不同民族的一大群孩子聚集在一起，不也需要用爱把孩子们融合起来吗？

中国五千年的传统文化，儒家文化占主流，而儒家文化提出的"仁义礼智信"道德准则，就有"仁智"两个准则，而"仁"的解释为仁爱。"智"的解释为知道日常的东西，把平时生活中的东西琢磨透了，就叫智。

我们的教育正是担负着五千年文化的传承任务。被称为"古有孔仲尼，今有陶行知"（郭沫若语）的"伟大的人民教育家"（毛泽东语）的陶行知提出"爱满天下"的精神，更是值得我们借鉴和学习。

当代教育也提出了"爱与责任"是教师的天职，没有爱就没有教育。

基于这样的认识，我确定以陶行知"爱满天下"的精神为指导，以"教育让生活更美好"为办学宗旨，结合当代教育理念及我校实际，确立了"爱满天下，智溢泰和"的办学理念，着力打造"爱·智"文化特色，以爱为基础，以智为特征，以爱智为追求，以满溢为氛围。通过爱智的教师，营造爱智的体验，蕴养爱智的教育，培育爱智的学生，使教育真正带给孩子有爱心的生活、智慧的生活、健康的生活、优雅的生活、创意的生活。

制订学校 5 年发展规划

2011 年 7 月 11 日，我到天泰城学校，面对的是无路可走而忙碌的施工现场，区教体局已经在一处平坦的地方组织招生了。家长们议论纷纷，集团分管教育的领导也在现场。领导的期望，集团的希望，家长的渴望，让我"压力山大"。学校文化确立以后，整整一年的时间，我一直在思考学校未来发展规划问题，用呕心沥血、夜不能寐来形容，一点都不夸张。学校所有员工共 14 个人，为此也付出了不少心血。

一开始老师们不理解学校为什么要做规划，我专门召开了一次会议，与老师们探讨了制订规划的重要性。在会上我是这样说的：

发展规划是学校各种工作所要达到的境界、标准和目的。科学而符合实际的规划，具有极大的号召力，使全校师生员工，朝着规划所指向的目标而奋斗，并鼓舞士气，增强凝聚力，提高学校工作的效率和效益。

一个科学可行的发展规划，对师生员工具有积极有效的调控约束作用。第一，可以根据规划中所制订的目标，调动人力、财力、物力等，努力实现预定目标。第二，尽力排除各种干扰，纠正偏离目标的各种行为，抑止不符合目标的其他行为。第三，规划要求师生员工围绕目标和要求，按照统一的活动方式及日程去执行常规工作。

规划能激励人们的行动，鼓励人们为实现目标而努力。当全校师生员工看到鲜明、具体的目标，并感受着目标的一步一步实现时，就会形成强烈的动向感，朝着既定的目标奋进。

一个科学规划中的目标，既是学校管理工作的出发点，也是终结点，因而成为检验和衡量各项工作成效的尺度，教师工作质量的评价，要以是否完成规划中目标的客观实际为依据，使学校、学校里的各个部门能根据规划要求具体衡量各自工作的成效。

学校由各个部门组成，有负责课程教学的部门，有负责德育工作的部门，有负责保障的后勤部门，各个部门构成学校组织系统的整体。学校作为社会组织系统，既要处理好学校内各个部门之间的关系，还必须处理好学校与外部社会环境的关系。因此，要运用"系统思维"的方法，对学校今后发展做整体思考，做好宏观战略规划、中观策略规划和微观意义上的各部门行动规划，最终把它整合为有内在结构的整体的学校发展规划。

学校发展规划在本质上是一个协同的过程，它把学校共同体的各种力量聚集在一起，共同勾勒学校发展的使命、愿景和目的，共同完成学校发展的大业。这项工作在很大程度上取决于校长、教师和学校共同体其他成员（学生、员工、家长、学校管理委员会和教育行政主管部门）的协同情况。

学校发展规划是一种"发展"的规划，"发展"是目的，"规划"则是手段。学校发展规划要立足基础、面向未来。从学校改革和长期发展需要出发，立足学校原有基础、面向学校发展的未来，设计明确、可行、有效的发展目标和实施途径，它具有非常强烈的前瞻性。

学校发展规划的内容要切实可行、便于操作，在实施中不断修正、完善，从而有效地提高学校的管理水平和教育效能。

追求学校特色是现代教育改革与发展的必然要求。学校特色既是独特的，又必定是符合素质教育要求的。

可以在学校发展目标和学校优先发展项目上重点考虑学校的特色，这样既有明确的指导思想，又有具体的"抓手"，对创建特色有很大帮助。

学校发展规划是一个持续的过程。它要求学校对自身进行系统自评，以此为基础，根据学校办学目标和社区需求制订、实施、评价并不断修订规划。

要充分认识规划的重要性，认真思考，为学校发展、为个人发展打好基础。

学校 5 年发展规划的制订与实施，前后做了五个方面的工作：

一是制定工作方案，明确规划内容。

为使制订的规划实用、有效，学校专门成立规划领导小组，制定学校发展规划工作方案，从规划设计的原则、操作内容、时间安排、阶段成果等几方面做出详细方案，明确规划的内容。

二是深入调查研究，分析调查结果。

对外：先从外围入手深入调查研究，了解天泰集团文化、天泰城社区状况、居民情况、家长意向等。通过问卷调研、各层深度访谈、座谈、观察探寻、比较研究、社区随机访谈等形式，了解周边环境与状况。

对内：重新学习省市规范化学校要求，城阳区三年发展行动计划等纲领性文件；进一步了解省、市、区同类示范校、特色校情况；认真分析了我校教师、学生、课程设置等情况。写出详细的调查报告。

三是专家引领，形成框架。

在调查分析的基础上，学校做出了规划的大体框架，随后邀请专家论证。

专家论证特别重要，因为在制订的过程中，对于学校的定位、办学理念、学校文化等各方面缺乏高度，是不是规范、科学，我们自己也拿不准，专家的论证可以让我们吃下"定心丸"。学校的规划从开始到成稿，陈如平主任两次到校：第一次，陈主任给我们讲了如何制订学校规划，也给我们举了很多实例；第二次，帮我们确立了整个规划的框架。

四是多次修改，校务委员会及全体教职工大会通过。

学校规划在专家论证的基础上，进行了多次修改，前前后后修改了6遍。至于学校的校徽和吉祥物等修改了多少遍，我们自己都数不清。

五是规划的实施。

新建学校都会面临这样的情况，每年会增加大批新教师、大量新学生，如何让他们很快了解学校规划并能融入学校规划，显得非常重要。在规划实施过程中，重点从以下四个方面着手用劲。

分解规划，便于实施

规划内容概括为"一二三四五六七八九十工程"。

一为"一个"目标：按照"国际标准、世界眼光、本土优势"的要求，大力推进教育国际化；按照后发型学校的发展态势，着力打造"爱·智"教育特色学校。力争在5年内建成一所办学理念创新、教育功能齐备、育人氛围浓厚、教育质量上乘的新型城区现代化优质品牌学校。

二为"两大"核心理念："爱满天下，智溢泰和"中的两个核心，即爱与智。

三为"三大"发展战略：品牌立校、品质强校、品位扬校。

四为学校精神文化中的"四爱"：真爱、仁爱、博爱、恒爱。

五为课堂教学中的"五智"：明智、理智、机智、睿智、情智。

六为天泰"六节"："爱·智"读书节（4月份），灵动艺体节（5月份），生活体验节（6月份），科技创意节（10月份），亲子教育节（11月份），国际文化节（12月份），为学生个性成长搭建平台。

七为学校的管理组织，设立"七大"中心：行政服务中心、课程研发中心、教学管理中心、教师发展中心、学生指导中心、后勤服务中心、家校联动中心。

八为制度建设中的"八大"常规：课堂教学常规、德育工作常规、科研常规、班级年级管理常规、教师发展常规、家校合作常规、后勤服务常规、安全管理常规。

九为规划实施的"九大"路径和措施：以"爱满天下，智溢泰和"为办学理念，积极推进爱智文化建设；以生活德育为引导，推进自主德育体系建设；以课程整合为手段，构建智慧课程体系；以"五智"为特征，打造智慧课堂；以专业性为价值追求，建设卓越教师团队；以提升质量为导向，探索现代学校制度建设，以微型课题为突破口，加强教育科研建设；以家校联动为途径，打造三位一体的"爱·智"教育；以国际交流合作为平台，促进教育国际化。

十为学校环境文化中的天泰"十景"：叠水滩、梦工场、读书吧、书馨厅、博弈轩、博爱苑、成长尺、放飞亭、科学自由行、行知大课堂。

（1）每学年学习讨论学校规划。

新学年伊始，两个会议特别重要：一是全体教师会，二是新生家长会。这两个会议，我必定要精心准备，想方设法让规划"钻进"教师与家长的大脑中。新建学校，每年总有一批新教师加入团队，利用一个上午的时间一起学习规划，或者领导干部解读，或者老教师谈体会，或者总结前一年规划实施的心得，目的是让新教师很快融入学校文化，厘清自己的工作思路，并能做出自己个人专业发展规划。对于家长，除了开学初的会议，还开展"每月一讲"活动，不断地让家长走进学校，了解学校。如果能抓住教师队伍和家长队伍这两个"牛鼻子"，规划的实施就比较容易了。

（2）依规划制定计划，按规划督查落实。

学校的年度、学期工作计划，依据规划制订实施；年终、学期末工作总结按照规划督查落实。

（3）根据规划制定详细的目标分解。

中层干部各管一摊，必须根据总体规划制订单项规划，例如德育工作、教学工作等，分管领导要制订更加详细的、可操作性强的规划。

三、"三棵白杨"为学校发展寻根立魂

"三棵白杨树"的故事

2017 年 8 月 14 日，我再次走上新的工作岗位，成为青岛市城阳区第三实验小学的校长。离开了自己倾力付出甚至还有些计划没有完成的天泰城学校，感情上是恋恋不舍的。但因政策的规定，组织的安排，我还是愉快地接受了新的工作岗位。

青岛市城阳区第三实验小学是一所既年轻又有历史的学校，前身为城阳区城阳街道小北曲小学，始建于 1937 年。2011 年，城阳区政府调整城区教育布局，回购了这所村办小学。它成为局属区第三实验小学，简称实验三小。学校坐落在城阳区和阳路上，是城区的中心区域，占地 20 亩，学生 1400 人，教师 80 人。

正对着学校大门，矗立着高大向上、笔直挺拔的三棵大白杨树，听说已经有 50 年的树龄了。三棵杨树自成一排，枝繁叶茂，颇像三个好朋友在窃窃私语，倾情谈心。置身树下，让人顿时感受到一种历史的积淀和厚实的发展底蕴。它们是历史的见证，是学校发展的见证，也是一代代孩子成长成才的见证；"精致、温馨，像家一样"的四合院式的教学楼；校园里还有三棵松树、三棵玉兰树，均生机勃勃，昂扬向上。红瓦绿树相得益彰，浸润着一种和谐之美。

跨进校园的那一刻，我已经深深地喜欢上了它。

随着对学校的熟悉，我了解到三棵白杨树的故事。它们是 20 世纪 70 年代初，由当时的一位民办教师带领学生栽种下的，后来这位老师离开学校，成为村里的书记，但他依旧关心着这三棵白杨树，关注着学校的发展。

20 世纪 70 年代末，刚刚恢复高考，这个村子的教育质量就凸显

出来了，曾创造了一个村子的考学成绩超过一个镇的历史记录。从改革开放到学校成为实验三小之前，学校在街道的考试成绩一直是第一名。据说与这位老师，后来的村书记对教育的关心、关注有很大的关系。

我没见到这位老书记，但他对教育的关心、关注却成为村民们最津津乐道的事情。我猜想他栽下这三棵树的初心，一定是想让孩子们像白杨树那样茁壮成长，成为栋梁之材。几经风雨，几番轮回，白杨树见证了孩子们的成长，见证了学校的发展，成为学校精神象征的符号了。2008年，学校改建，为了保护这三棵白杨树，修改了教学楼的设计图纸，足以看出它在人们心目中的位置。

了解了三棵白杨树的故事后，我开始挖掘学校的发展历史。

这所历史久远的学校，始建于1935年，80多年的发展史大体可以归结为三个发展阶段。

第一阶段：1935年—1980年。这一阶段为动荡的教育阶段，共有15位校长或者学校负责人，历经了私塾、学堂、分部、"带帽"初中、完小发展历程，但因有良好村风的影响，教育从没混乱过。1978年，初中120人毕业，考取大中专35人，升入高中继续学习32人，创造了历史的辉煌。

第二阶段：1980年—2011年。5任校长励精图治，继续延续辉煌，并逐步形成"和而不同，各美其美"的办学理念，校训是"和美求真，厚积薄发"。

第三阶段：2011年成为区直实验小学后，在传承"和美"教育基础上，以学校三棵白杨树为内生基因，发展为和阳文化，解释为"和谐发展，阳光成长"。一是学校在和阳路上；二是"和阳"与"和杨"谐音；三是适应了"阳光城阳"的建设宗旨。

无论是"和美"教育还是"和阳"文化，都为学校的发展奠定了深厚的历史基础，前几任校长带领学校的教师取得了辉煌的成绩。

那么，如何站在高点上推动学校进一步发展呢？这是摆在我面前的工作任务。

"根植历史，在传承中寻求突破"，初到学校不久，我就为自己的未来确定了工作基调。

"松杨共生"现象

校园内的三棵白杨树见证了学校的发展，也成为师生的精神引领。那么白杨树的精神是什么？

茅盾先生的《白杨礼赞》，对于成人而言，是很熟悉的；但对小学生而言，却是陌生的，如何能让小学生理解并将白杨精神根植于心呢？

百度百科中是这样描述白杨树的：白杨是杨柳科杨属植物的通称，原产北半球，其他杨属植物分布于较北较高处，以叶在微风中摇摆，树干非常直而闻名。多生长成林，罕见单株者，甚有益于自然景观。树皮灰绿平滑，分枝自然，绿叶茂密，转为鲜黄，雌雄异株，花序先叶开放。

在读这段文字的时候，"罕见单株者"这几个字，给了我更多启发。三小校园里的三棵白杨树长得枝繁叶茂，如此勃勃生机是因为三棵吗？如果一棵会不会长成这样呢？再查阅资料，发现杨树的特性真的是多生长成林，是需要共同生长在一起的。我还发现了大自然存在的"松杨共生"现象。

在内蒙古兴安盟阿尔山市浩瀚无际的林海之中，生长着许多兴安落叶松和樟子松。有意思的是，但凡在松树密集生长的地方，一定也会伴生相当数量的山杨。这种奇妙的松杨共栖现象，让许多游客既好奇又不解：为什么松树和杨树总会生长在一块儿呢？

这要从杨树说起。杨树是一种易受细菌、真菌和害虫侵袭的树木，一旦感染了细菌或真菌，成片的杨树林就会爆发大规模的黄粉病、黑斑病或溃疡病；同时，天牛、地蚕、蚜虫、红蜘蛛等许多害虫也会对杨树造成危害。在人工培育的杨树林中，人类会通过控水、选种、诱杀，或使用农药来消灭病虫害，保护杨树健康生长。但是在自然环境中，失去了人类庇护的杨树，要怎样来抵御各种病害虫的侵袭呢？与松树共生，就是杨树通过长期自然演化选择的一种自我保护手段。

杨树与松树共生能避开病虫害，与一种名为"芬多精"的神秘物质有关。苏联列宁格勒大学的杜金博士在实验中发现，当高等植物受伤时，其花、叶、根、芽等组织的油脂会分泌出一种浓香的挥发性有机物。这种物质能杀死细菌和真菌，防治林木中的病虫危害和抑制杂草生长。他将这种挥发性的有机物称为"芬多精"，其真正的含义就是"植物杀菌素"。

正因为拥有了特殊的植物杀菌素，松树不仅使自身具备了强大的防虫抗病能力，而且在自己的身边筑起了一道看不见的安全屏障，对生存在周边的其他植物产生了一定的保护作用，"松杨共生"现象便由此产生。

我顿时悟到：实验三小校园里的三棵白杨树长得这么好，不仅靠自身的努力，还因为三棵树携手成长以及周边环境和谐共生形成的"自然景观"。

当"共生"这个词在脑子中一出现，我豁然开朗，这应该就是三棵白杨树的内涵。

以上探究，让我对学校未来发展有了模糊的认识。于是，我便开始征求教育专家的意见，探索学校未来的发展思路。

提出"共生教育"理念

"共生"是自然哲学和社会哲学的普遍原理，体现自然发展、社会发展、人类的发展，乃至一切事物发展的共同法则，寓意着和谐、协调、整合、共同发展。从学校教育的意义上说，主要是作为学习与成长的主体的学生的人际协同，包括学生与教师、学生与父母、学生与学生、学生与自己的共生发展，而更重要的是学生自身素质与品质的和谐共生。于是就产生了以下初步定位——

在"和美"教育、"和阳"文化发展的基础上，结合当代的教育方针及学校的内生文化，实施共生生态下的"共生"教育。"共生"教育旨在融合所有能为孩子提供的教育资源，创办教师、家长、学生每个人都能共同成长的学习共同体、发展共同体、命运共同体，为未来社会培养身心健康、品格正直、学识丰富、生活和美、全面发展的合格公民。

我将学校文化建设理念系统提炼为11个"要点"。

1. **办学理念**：协力共生合作共赢。

2. **学校精神**：共建共享共荣共美。

3. **办学目标**：办一所具有学习共同体、发展共同体、命运共同体的共生共赢的优质品牌学校。

4. **育人目标**：培养身心健康、品格正直、生活和美、全面发展的合格公民。

5. **学校文化**："共生"文化，具体解释为"各美其美，美人之美，美美与共，天下大同"。

6. **学校校训**：像白杨树一样携手成长。

7. **管理文化**：共治，由管理走向治理。

8. **德育文化**：共情，共同情感触动心灵。

9. **课程文化**：共融，小白杨课程的融合课程。

10. 课堂文化：共创，小组合作，形成学习共同体，深度学习。

11. 评价文化：共赢，在合作中形成每个人的精彩。

最终形成学校文化建设的整体架构——系统育人。以"一核"（共生教育）、"三品"（尊重生命、学会生存、热爱生活）、"六途径"（文化育人、课程育人、课堂育人、管理育人、评价育人、特色育人）的整体育人系统，建构实验三小的办学理念体系，实现学校的科学发展、内涵发展、共生发展目标。

2017 年 3 月，在中国教育科学研究院基础教育研究所原所长陈如平同志的主导与倡议下，中国新样态学校联盟正式成立。我们几所学校都踊跃报名参加，成为首批新样态学校实验校。陈主任带领着新样态学校，走文化内生之路。

"新样态学校"坚持"整体育人、文化内生、课程再造、系统建构"四大主张，其中文化内生是"新样态学校"区别于其他学校发展理论学说的最重要方面。首先识别与挖掘自己学校所特有的基因，每一所学校都有自己的独特之处，无论是在学校历史中、建筑中，甚至地形中、校名中，抑或是新学校的嫁接中，冥冥之中它是存在的，就在于我们如何识别与挖掘。其次是要挖掘和抽出其中的意义和价值。事物是存在的，但要挖掘出教育的意义和价值，要结合教育的原点与规律剥离出师生家长都理解的精神。然后在此基础上概括出主题来，形成自己学校特有的理念系统，包括学校的发展愿景、理念目标、教风、学风等。

文化是一种思想，是一种气质，更是一种底蕴。当高品位的文化成为一种氛围、一种传统，一所学校就有了灵魂，也就有了引领学校可持续发展的动力源。

在三所学校的发展中，我都注重了文化提炼，创建舞台，文化唱戏，唤醒每个生命的精彩。

第三章　展示舞台
　　——启迪智慧，生活导戏

"戏"语

　　生活本来就是一出大戏，面临新的舞台，如何展现出自己的精彩之"戏"呢？我只有不畏不退，勇往直前，不遗余力，全力扮演好自己的角色。既然与"戏"结缘，那就剧演生活，剧本再创，呈现出生活新的样态。

满怀着忐忑不安的心情，我走进新建学校——天泰城学校。可当我全身心地融入其中时，蓦然回首，这里却是别有洞天。越了解，越熟悉，越觉得这里可以描绘一幅蔚蓝宏图。

学校占地50亩，是一所9年一贯制学校。规划设计为54个教学班，小学36个班，初中18个班。学校本来是青岛地产企业天泰集团秉承"兴业报国"理念而建造的私立学校，因为种种原因，无偿交给政府，成了公办学校。学校与青岛大学师范学院合作，开启了"政府办学，企业支持，高校辐射"的办学模式。

天泰地产的工作效率极高，等8月底学校开学时，基本建设已高质量完成。学校也迎来了从各街道和局属学校选拔的9名骨干教师和4位刚毕业的新教师，加上我和提前到岗的一名老师，组成了一个15个人的工作团队。6个人组成的临时领导班子也搭建起来。

新环境，新平台，对于我们首批进入学校的全体干部教师都是极大的考验，学校如何定位？如何快速发展？政府部门在拭目以待，企业在渴望以校带动房产销售，家长在怀疑观望。这些都给了我巨大的压力。

我迅速调整心态，既然已经接手上任，就应该负起责任来，不辱使命，就应该做好当前和未来愿景规划，就应该带领学校不断前行，就应该把新学校建设成师生共同幸福成长的乐园。我满怀期待也满怀信心，扬帆起航。记得我在第一次教师会上说过："百年修得同船渡，让我们珍惜缘分，同舟共济，让我们为同一个目标而努力，相信自己，我们一定能行。"自此，这个15人的团队，便在上级各部门及集团领导的关注、支持下，开始叙写天泰城学校发展历史的第一篇。

上任伊始，我先在教师、社区居民中广泛征求意见，开展"我为学校发展献计策"活动，在此基础上，我着手为学校勾画了未来发展的基本框架：把学校办成办学条件标准化、办学思想现代化、学校管理科学化、学校发展特色化、教育质量优质化且有一定知名度的学校。

面对未来的规划和美好的愿景，师生们心里充满了希冀，对学校的未来充满了信心，有了共同的奋斗目标和精神追求。

一、生活孕德，德润生活

天泰城学校是一所新学校，有困难，但更有优势。天泰集团为了让学校有更好的发展，无偿交给了地方教育局，学校成为城阳区教体局直属学校，而且与青岛大学师范学院联合办学，成为青岛大学师范学院的实验学校。这对学校的发展，对我的成长都起到了重要作用。

青岛大学师范学院派出了以钱国旗院长为组长的专家团队，定期到学校指导工作，特别安排了毕业于东北师范大学的博士马玉宾担任学校副校长，参与学校各项工作。马博士年轻有为，思想活跃，知识渊博，平易近人。我俩很快就成了无话不谈的好朋友。学校后期的发展中很多的理念和做法，都是我俩和班子其他成员共同碰撞的结果。

在初期规划学校发展时，我就跟马博士谈道："现在大多数孩子不热爱劳动，四体不勤，五谷不分，娇生惯养，缺乏基本的生活自理能力，能否以此为突破口，加强学生的生活教育。陶行知先生是伟大的教育家，他的生活教育一直是我崇拜和效仿的。我始终认为生活教育如果能真正实施，那就是最好的素质教育。"马博士非常赞同我的观点。结合天泰城社区的社区文化，我们以"教育让生活更美好"为办学原则，尝试实施生活教育素质提升之路。

开设校本课程，领航爱智生活

陶行知先生认为："今日教育界责任之最重要且最紧迫者，莫若利用教育学解决学校课程问题。盖课程为学校教育之中心，假使课程得有圆满解决，则其他问题即可迎刃而解。"课程改革之重要，时至今日仍然如陶行知先生所说。

马玉宾博士是课程论的专家，学校就从课程开发着手，在专家团队的指导下，根据学校所在区域特点，结合学生年龄、生活环境等特点，遵循"生活即教育"的思想，开发出校本课程"爱智生活课"，课程涵盖了人与社会、人与自然等方方面面的知识。

"爱智生活课"的核心在于倡导学生学习和发展方式的变革。学生在生活中通过游戏、探索、观察而认识世界，在生活中与人互动、学习社会规范。对于学生而言，生活不是学科知识的总汇，而是感悟世界、探索世界、认识世界的源头。

（一）课程理念

儿童从生活中开展学习。儿童在生活中游戏、探索、观察并认识世界，儿童在生活中与人互动、学习社会规范。对于儿童而言，生活不是学科知识的总汇，而是开发各方面能力的源头。因此教育要走向生活，以生活为轴，以生活为整体，使儿童在生活中感悟世界、探索世界、认识世界。

生活课以儿童为主体。注重儿童自发的活动和自主的学习。儿童的发展不再是完全由教师、家长的牵引，而是出于学生对生活自发的探索和思考。生活课体现的是对儿童已有经验和能力的肯定，对儿童探究能力的重视和培养。

生活课以真实情境为背景，开启儿童对周围人、事、物的好奇，引发学习动机与兴趣。儿童的学习不仅是间接经验的学习，更是直接经验的积累，生活课引导学生关注生活，进行有意识的经验积累。

生活课以发现与探究为学习方式，让孩子尝试以建设性的方法解决问题，感受成功的经验，并进而提升想法。生活课注重经由经验、操作与行动来探究问题、组织知识、学习做事的方法。

生活课加强儿童与人群的互动。观察家庭、学校、社会中人与人，人与生态环境之间相互储存的重要性，树立关怀、尊重、互助合作的态度，在生活中学会经营自己的生活。

（二）课程性质

"生活课"在全校开展，属于校本课程必修课。课程的开发与实施由学校教师共同完成。

从内容维度上看，"生活课"以综合课程的视角进行课程开发和设计，涵盖社会、自然和艺术等多个方面。

（三）课程目标

探索基于生活整体而制定课程目标。学校依据"爱满天下，智溢泰和"的办学理念，制定了生活课程的总目标：培养探索生活的兴趣与热忱，并具备主动学习的倾向；学习探究生活的方法，并养成良好的做事习惯；觉知生活中人、我、物的特性，并了解彼此关系与变化现象；察觉生活中多元文化与各种美的形式，并养成欣赏的态度；察觉生活与网络的相互依存，并能尊重与关怀自己、他人与环境，做"爱智生活家"。

（四）课程结构

在课程结构设计上，采取螺旋上升的形式，依据学生年龄特点和成长规律搭建课程结构。

主要从横、纵两个层面展开。

横向上分为五个维度：成长现象的观察与反思；生活环境特性的认识；生活器物的探究；生活之美的体验；生活规矩与习惯的建立。

纵向上分为三个阶段：低年段、中年段和高年段。

每个年段都从五个维度上建构，但各有重点。低年段的重点在于"观察和体验"，使学生在观察和参与中体会自然与社会，形成主动认识和自主思考的习惯。中年段的重点在于"探究与创造"，让学生在搜集和整理中感受变化和规律，发展归纳和总结能力，进行初步的动手创造。高年段的重点在于"文化与反思"，使学生在反思和内省中参与社会生活，形成文化理解和互惠意识，以感恩的心态关爱环境、关心自己与他人、关注社会。

同时，春秋两个学期也各有侧重，秋季学期为"飞扬的生活乐章"，注重动手实践；春季学期为"喜悦的感恩岁月"，注重德育和内省。为此我们制定了一到六年级的主题系列。

年 级	秋季学期	春季学期
一年级	认识新环境，新生活	我们都是一家人
二年级	我和生活做约定	毛毛虫的蜕变
三年级	生活小能手	我们都是最棒的
四年级	创智生活家	炫彩梦想秀
五年级	e 眼看家乡	同住地球村
六年级	成长的足迹	梦想在望，扬帆启航

（五）课程内容

1. 我

对自我成长与特点的观察与思考，进而建立生活规矩与习惯。

(1) 对自己与他人成长的看法。

(2) 生活规矩与习惯的建立。

(3) 对自己特点的看法。

(4) 我的美丽生活。

2. 我的"衣"

(1) 知道服装的组成和作用。

(2) 感受不同地域和文化的服饰差异。

(3) 想象和创造服装之美。

3. 我的"食"

(1) 感受食物的味道和来源。

(2) 了解就餐礼仪。

(3) 制作美食。

(4) 爱惜食物。

4. 我的"住"

(1) 对物理与自然环境生态的认识。

(2) 对社会文化环境的认识。

(3) 对生活器物的探究。

5. 我的"行"

(1) 对出行规则的认识。

(2) 对景观的感知。

6. 我与你

(1) 对他人成长与特点的认识。

(2) 对动植物的观察与想法。

(3) 对环境的爱护。

(4) 创造美好的人文与自然环境。

对于课程内容的选择，虽然每一小项内容后给了老师一些提示性活动，但大多需要老师根据内容创造性地设计出教案。这些对从未真正参与过课程开发的老师来说都是极大的挑战。

（六）课程实施

生活课采用主题式教学模式，师生围绕一个生活中的主题来进行教学活动。

生活课由"我""我的'衣'""我的'食'""我的'住'""我的'行'""我与你"6个版块构成。每个版块下设不同的主题活动。每个主题活动规模可大可小，少则2节、3节，多则7节、8节，且各主题间可以完全独立，不必成一定系统。

课程内容设计和实施，采用过程性生成主体模式，从生活出发生成趣味主题。主题开展过程中，事先不做过多预设，课程的实施全赖于老师学生的思考和创造。注重儿童的发现和探索，不追求知识内容和能力结果，关键在于让儿童自己去发现问题，总结规则。

生活是完整的。在多姿多彩的生活中，孩子们无时无刻不在经历着生动又有趣的变化。仔细观察不难发现，生活中自然融合了健康、语言、科学、艺术、社会等多个领域的内容。我们所实施的课程就是还原孩子生活的本来面目，丰富和积累孩子的生活经验。

1. 以学生的需要和兴趣点为基根，生成主题

杜威曾指出："经常而细心地观察儿童的兴趣，对于教育者是最重要的。这些兴趣必须作为显示儿童已发展到什么状态的标志加以观察。它们预示着儿童将进入哪个阶段。"

刚入学的一年级新生，对学校的方方面面充满了好奇心与求知欲。正是抓住了这一点，在一年级的生活课中设置了"校园探秘""不一样的我""小手动起来"等主题。尤其是在"校园探秘"这一主题中，学生的兴趣特别高涨。在教师的指引下，他们将自己感兴趣的地方找

到以后，那种兴奋与幸福写在了每个孩子的脸上。

三年级的"快乐折纸"，同样抓住了学生喜欢动手、乐于动手的特点。课堂上，学生充分发挥自己的想象力、创造力，折出了可爱的小动物、漂亮的植物及自己喜欢的物品，千姿百态、生动无比。

"我把学校变小了"这一主题更是激发了学生浓厚兴趣。主题呈现后，有同学就问："怎么把学校变小啊？"紧接着，学生们便进入了激烈的讨论中，有的说画画，有的说做模型，有的说照相。答案五花八门，无不体现出学生的创造智慧。

2. 以生活细节及传统节日开展为契机，挖掘主题

儿童发展心理学研究表明：对儿童来说，有序的、系统的知识并不是最有价值的知识，日常生活中体验性、探索性的知识具有更为重要的教育价值。因此，抓住日常生活细节及传统节日，开设更多适合学生个性发展的主题活动课程，激发学生参与兴趣，丰富学生经历和情感是最重要的。

"我当小法官"是针对学生日常学习生活中同学间出现矛盾如何解决而设计的。教师事先让学生提交案例，写出发生在同学之间的小纠纷和矛盾事例。课堂上，通过设置模拟法庭，小组成员分别扮演法官、陪审员、被告、原告、证人等，自行处理案件。有询问、有判决，真正遵循公平公正的原则处理问题，化解矛盾。

10 月份第 4 个星期四是感恩节，教师精心设计各个环节。《逃家小兔》的故事使学生看到了，无论小兔逃到哪里，都逃不开妈妈浓浓的爱，从而引导学生回忆父母教我们走路、吃饭、穿衣、上学的情景。调查学生对父母的生日、鞋码、喜欢的食物等方面的了解，将学生内心深处的感恩之情瞬间激发了出来。学生怀着无比激动的心情为父母制作了感恩卡，写下了真诚感人的话语。在对二年级五班董慧天同学给父母送卡过程的跟踪记录中，我们看到了董慧天爸妈流下了激动的眼泪。

3. 以计划的设计与再设计，产生新主题

教育实践中，孩子们的学习生活往往会超越教师的预设轨道。教师要灵活调整教学计划。例如，在上学期的教学中，老师们发现大多数孩子的书包内杂乱无章，课间活动鞋带开了竟跑来找老师帮忙……针对这些现象，我们经过讨论研究，设置了系鞋带、整理书包、整理床铺系列主题。

学校开辟了"播爱苑"种植实践基地，为学生观察植物的生长过程、了解季节变化提供了有利条件。我们设计了"秋婆婆的篮子""冬伯伯来了"等主题。学生在校园中到处观察，在地上捡落叶，到菜地里观察蔬菜的变化，回到教室后再画一画自己感受到的季节变化。在画画的过程中，有的学生通过对树叶颜色的描述，将四季的变化表达出来；有的同学将叶子画成一半绿色一半黄色；有的用箭头来表达季节的更替。学生的想象力令人惊奇，这样的学习让他们对学习更感兴趣。

正如方速老师所说："通过生活课的学习，学生在学习中感受，在生活中学习，从而不断成长，这样的学习快乐且有趣。这样的课程哪个学生会不喜欢呢？"

4. 以主题活动的拓展，深化主题

由于学生缺乏生活经验，他们的活动常常受到无意识和形象思维等特点的制约，对主题探索往往无法拓展得更深入，甚至会放弃该主题的研究而转向另外的主题。这就需要教师抓住适当的时机，借助当时的情景、材料，采取适当的策略，运用多种方式拓展、深化主题。

吕倩倩老师在讲授"纸的旅行"这一主题时，带领学生一起观看了动画片《纸宝贝的冒险》。全班学生讨论了纸的诞生及用途，分小组讨论了纸的浪费现象，最后每个同学都说了自己打算怎样节约用纸。至此，三年级二班形成了倡导节约、批判浪费的良好风气。吕老师也

感叹道："生活课，就应该这么生活呀！"

二年级在开展"秋姑娘的旅行""不会说话的朋友"主题活动时，教师带领学生走进大自然，走进生活，寻找秋天的美丽，感受季节的变化，亲身体验身边"不会说话的朋友"为我们所做的服务，在潜移默化中让学生懂得保护环境，感受大自然的美。

"变废为宝"主题课充分展示了学生丰富的想象力、创造力及动手实践能力，当看到一件件的废品在学生手中变成装饰品、笔筒、电脑模型等，教师的惊讶与自豪溢于言表。

在实施过程中，课程功能日益凸显出来。

一是形成了生活经验。生活课的主题本身就是个性化和差异性的，学生的生活经验不同，展开的课程会完全不同，由此引导学生真正去感受和形成自己的经验，而不是一味思考固定的答案。如"甜蜜的家庭"主题课，说说自己的家庭成员、家的位置、晚饭后的相处模式、制订自己的爱家行动计划等活动设置，既呈现出家的多姿多彩，又丰富了学生的表达方式。

二是润德于无形之中。生活课的主题中道德是重要的元素，但我们在实施中强调回归德育于生活，淡化说教，在游戏和活动中感受道德之于生活的意义。如"时间怎么这么少"主题课，教师不会刻意强调珍惜时间，而是让学生记录和分享自己从起床到上学期间的时间安排，让学生学习如何更好地利用时间，比如提早自己的起床时间，或者合理分配穿衣、洗漱、吃饭等环节的时间，从而更有时间观念。如"我们一起玩游戏"主题课，教师设计了丢沙包、击鼓传花等活动游戏，看似是简单的游戏，但实际上蕴含了许多规则的教育：生活规则、学校规则、游戏规则……

（七）课程评价

　　课程评价，首先要注重学生学习方式的引领，引领学生自主学习和自动探究，把学习的主动权交给学生，主要体现为体验式学习和探究式学习两种方式。体验式学习通过实践来认识周围事物，一方面反思日常体验，一方面在体验中学习，使学生完完全全地参与学习过程，成为课堂的主角。在生活课中，教师的作用不在于传授知识，而是营造情境引发学生对生活的自动体验和对既往体验的思考。体验式学习不在于得出某些结论或规范，而在于让学生成为自动的体验者。探究式学习指学生独立自主地发现问题、解决问题并进行表达与交流的学习方式。探究式学习不仅在于发现某个问题的答案，也在于寻找做事的方法。通过探究式学习，学生寻求解决问题的方法并把它运用于生活的诸多情境。方法因需要的不同而有所差异，对教师来说重要的在于引导学生找到解决问题的方法。

　　基于学生以上学习方式，课堂评价采用成长记录的方式进行，体现教学与评价一体化。通过课堂讨论学习单、作品的收集和展示，肯定学生的每一次成功。为此在小组角色中还专门设置了"资料保管员"，负责对小组的每一次活动资料进行收集和保管。每次主题开展之后，同学们都会在班级和走廊展示相应的学习成果，每个学期还会召开以学生为主的生活课展示会，并邀请家长和社区群众参加。通过这样的评价方式真正体现了教学与评价的一体化，因为教学的过程就是学生参与和活动的过程，就是肯定学生成就的评价过程，所以在生活课中，学生感受到的不是压力而是鼓励，不是失败而是经历，不是标签而是成长。

　　"爱智生活课"从课程设计、实施到评价都是一种全新的课程形态，向教师提出了全面的挑战，学校也期待以"爱智生活课"为支点，撬动学校整体的变革。

蒙台梭利曾说:"听到的记忆不深,看到的容易忘记,只有亲身体验到的才刻骨铭心、终生难忘。"在生活教育的土壤里,我和老师、孩子们的收获是巨大的,体会着自己在摔泥巴课上与孩子们同玩的情景。我感受着生命的美丽,享受着成功的快乐,体味着生活的幸福!

"学校设计的'爱智生活课'是了不起的创新,它既是德育,也是智育,也是体育和美育。课程从生活出发,把握孩子的心理需求,激发兴趣,拓展实践,循序渐进。在实践活动中培养学生爱生命、爱自己、爱他人、爱环境、爱艺术的情操,培养学生健康的心智、积极的情智、活跃的睿智等积极向上的品格。"青岛市教育发展研究会王言吉会长对我们课程如此评价。

2014年,"爱智生活课"参加山东省首届精品课程评选获二等奖,2016年参加青岛市精品课程评选获优秀奖。

成立实验学校,实施生活教育

实施陶行知的生活教育,我便把"学陶""师陶"作为教师专业成长的一项重要内容。在青岛市陶行知研究会周加惠会长和李淑芳老师的推荐下,我开始接触中国陶行知研究会。中国陶行知研究会秘书长、实验学校分会会长朱建人教授,莅临学校,给予无私帮助,并邀请我参加中国陶行知研究会实验学校分会的培训活动。就是在这些培训会上,我认识了中国陶行知研究会的会长、中央教育科学研究所原所长朱小蔓女士,认识了教育大师杨东平先生,走进了知名教育大家杨瑞清的南京浦口区行知小学,与南京市行知实验学校校长彭小虎成为朋友,并与该校结为手拉手学校。

在一次次的学习与培训中,一步步加深了我对陶先生的崇拜与爱戴,而这些传播陶行知精神的人更令我感动。在南京的培训会上,我结识了南京陶行知纪念馆首任馆长汤翠英教授。汤教授当时已经八十高寿了，依然在播种行知思想的路上坚定前行。她已经把传播陶行知思想融入自己的生命当中。这令我敬佩不已。

在这个过程中，学校的生活教育理念也慢慢形成，"教育让生活更美好"成为全校师生共同的愿景。老师们"学陶""师陶"的氛围也愈加浓厚，全校教师人手一本《陶行知生平及其生活教育》。学校成立了陶行知思想研究读书会，定期对陶行知思想进行学习和讨论。校本课程"爱智生活课"顺势开设起来。行知大课堂教室的建立为老师和孩子们提供了学习陶行知精神的场所。

受行知教育思想理论的影响，成立行知实验学校的想法日臻成熟。于是，我提交报告给青岛市陶行知研究会，申请成立青岛市首家行知实验学校，令我万分激动的是申请报告很快批下来了。

2013 年 5 月 24 日，终于盼来了"青岛市行知实验学校暨行知大课堂揭牌仪式"。揭牌仪式上，我们特别邀请了中国陶行知研究会理事、南京陶行知纪念馆首任馆长汤翠英，青岛市教育发展研究会会长王言吉，青岛大学师范学院院长钱国旗，青岛教育科学所原所长翟广顺，青岛市陶行知研究会会长周加惠，天泰集团顾问、副总经理梁军。

仪式开始前，我引领着来宾们参观了学校，当他们走进行知大课堂教室时，被里面的场景震惊了。

行知大课堂在一个 100 多平方米的全封闭教室里，墙体四周用红色地毯布包起来，设置了 20 块展板，每块展板就像可以打开的半扇窗户，一边固定，一边可呈 180 度展开，内容可更换。20 块展板上面，有 20 组卷轴，每组卷轴有 3 块绢布，卷轴有遥控器控制，可随时收放其中一组。当来宾们进入行知大课堂时，墙上 20 块展牌展现出陶行知先生的生平和他的生活教育理论与实践内容。那么多古老的图片展现出来，令大家非常惊喜。汤翠英馆长激动地说："太好了，你们这么一所小学能收集到这么多珍贵的资料图片，太好了！"她一边走着，看着，一边给大家讲解着，俨然沉浸在对陶行知先生的幸福回忆里。20块展板走完，我站在行知大课堂的最前面，给大家介绍说："为什么我们叫行知'大'课堂？这里面可是有机密的，请各位领导动动手，掀开墙上的20块展板，并180度平放，看看会发生什么。"大家动手翻过来，行知大课堂立马成为学雷锋展室。大家还没回过神来，我立即说："还有更神秘的呢！"我启动遥控器，20个绢布放了下来，"这里还是传统文化学习展室。""安全教育是学校工作的重要组成部分，下面展示的就是安全教育内容了。"我再次启动遥控器，安全教育内容的卷轴放了下来，"上面还有劳动教育的内容。行知大课堂，既为孩子们展示了不同的校本课程内容，还节约了学校空间，弥补了学校教室紧缺的短板。教室四周的小柜子陈放学校展品，这里也是学校的校史陈列馆。"领导们鼓起掌来，纷纷议论说，还真是令人惊喜呢！

后来学校迎接了很多观摩团，都对行知大课堂赞赏有加，这是后话。

大家兴致正酣，揭牌仪式开始了。城阳区教体局分管副局长张思峰做了热情洋溢的大会致辞，我做了"在有根的教育中特色发展"的主题发言，隋艳苹副校长做了"以爱蕴养智慧生活"的校本课程介绍。接着，中国陶行知纪念馆首任馆长汤翠英女士和青岛市教育发展研究会的王言吉会长给"行知实验学校"揭牌，天泰集团副总经理兼顾问梁军女士和教体局副局长张思峰共同为"行知大课堂"揭牌。

钱国旗院长、周加惠会长、王言吉会长分别做了点评，专家们对天泰城学校的工作给予了很高的评价，并鼓励学校沿着陶行知所指引的道路继续前进。我清晰地记得王言吉会长给我们的评价："一所好的学校，是因为校长和老师站在高处；一所好的学校，首先是重视道德和课程建设的，今天我们看了天泰城学校的行知大课堂教室，我被震惊了，可见王校长是一个用心、用智、用力办教育的校长。希望王校长带领老师们持之以恒，用一生去读透'陶行知'这部大书。"这也成为我们践行陶行知思想的不竭动力。

学校以"行知实验学校"挂牌为契机，加强生活教育，让孩子们在生活中学习知识、快乐成长，真正实现让学生愉快、健康生活的教育目的。在后来的发展中，学校深入研究和实践陶行知教育思想，积极推动学校教育改革，努力创办具有行知精神的特色学校。

2013 年 12 月，学校加入了中国陶行知研究会实验学校分会，成为陶行知研究会的实验学校。我成了行知教育理念的坚定的践行者。

构建生活德育，争创德育品牌

陶行知先生说："德育只有通过生活，才能发出力量而成为真正的教育。道德在生活之中，是生活的一部分，也是生活的保障。道德不只是观念的认知，更是行为表现。"

学校以伟大的人民教育家陶行知先生的思想为引领，并将"生活教育"理论作为学校教育的核心，提出了"生活德育"的概念。

所谓生活德育，是指从学生的现实生活、现实存在、现实活动出发，采取感性的、实践的方式，让学生在自己所需要的活动中去经历、去感悟、去建构自己的价值理想，去提升自己的生命质量。简单地说，德育是蕴藏在生活当中的，过什么样的生活就受什么样的教育。通过学校教育优化学生生活，在这个过程中学生受到良好教育，这就是生活德育。

生活德育强调将道德教育深深地扎根于学生生活的土壤，让德育与受教育者个体的日常生活、学习生活、交往生活、集体生活等紧密相连，用学生的生活、自主的活动本身对学生自己进行积极的启迪与引导，以提升学生的人生境界，让学生过一种有道德的生活，自主建构道德经验，提升道德水平。

基于以上理解，我把生活德育理念归纳为"生活孕德，德润生活"8

个字，强调在实践中感受道德、体味道德、践行道德，在生活中培养学生的道德认知和道德价值，激发学生的道德情感，锻炼学生的道德意志，从而培养他们在发展中形成内在的自觉性和主体性的道德实践能力。

在此基础上，我们确立和完善了生活德育目标：以"生活孕德，德润生活"为理念，以爱自己、爱他人、爱自然、爱社会、爱国家为内容，教会学生过健康的生活、优雅的生活、创意的生活、智慧的生活，培养学生仁爱之心、真爱之情、博爱之气、恒爱之势。

为实现德育目标，拓宽德育途径，创新德育工作模式，提高德育实效，我们在"六化"上做足了"功课"。

1. 德育课程生活化

重整德育课程体系，整合国家级课程《品德与生活》《品德与社会》与学校校本课程融合，开设"生活德育课"，以课程带动德育工作。

生活德育课程采用螺旋上升的模式，横向上分为 5 个维度：成长现象的观察与反思、生活环境特性的认识、生活器物的探究、生活之美的体验和生活规矩与习惯的建立；纵向上分为 3 个阶段：低年段、中年段和高年段。每个年段都从 5 个维度上建构，但各有重点。低年段的重点在于"观察和体验"，使学生在观察和参与中体会自然与社会，形成主动认识和自主思考的习惯；中年段的重点在于"探究与创造"，使学生在搜集和整理中感受变化和规律，发展归纳和总结能力，进行初步的动手创造；高年段的重点在于"文化与反思"，使学生在反思和内省中参与社会生活，形成文化理解和互惠意识，以感恩的心态关爱环境、关心自己与他人、关注社会。

道德教育重要的不是外在约束，而是内在要求。学校的生活课采用探究式学习和自主学习的学习方式，以主题学习的方式呈现，每个主题都会抛出相应的道德话题，不是由教师提要求，而是让学生自己思考，自己行动。课堂采用小组合作的组织形式，以学生为主体，以真实情境为背景，课程的主题都是从生活出发而形成的。生活课的主题中道德是重要元素，但我们在实施中强调回归德育于生活，淡化说教意味，在游戏和活动中感受道德之于生活的意义。

学校隐形课程——物质文化建设，也以为学生创设生活场景为原则，设计"梦工场""行知大课堂""书馨厅""童趣坊""爱心超市""播爱苑"等学生活动场所，采取学生自主管理模式，让学生在自我生长中形成自律意识，真正践行陶行知先生的"生活即教育""社会即学校""教学做合一"教育理念。

2. 学科课程融合化

赫尔巴特曾经提出，既没有"无教学的教育"，也没有"无教育的教学"，日常课堂教学是德育的重要组成部分。

首先，明确学科德育目标。我非常重视日常教学对德育的影响和渗透，通过制定学科德育目标的方式，明确各门课程对学生思想品质培养的任务。例如，语文培养对真、善、美的体认和丰富的人性，数学培养合理思维和求真的态度，英语培养国际理解和对人类的爱，艺术培养美的认知和修养，体育培养健康生活的能力和态度等。

其次，学科教学贯穿行为习惯养成。学科教学中除了内容与德育的结合外，还包括学生日常习惯的养成和行为的规范。在教学中，教师形成了时时提醒、处处规范的习惯。如在教学中提醒学生即使在情绪高涨时，也应控制音量，以免影响他人。在学生嘲笑他人时，引导学生多关注他人优点，明白人与人存在差异。在学生"告状"时，鼓励学生自己解决小矛盾。

通过重点突破和多点结合的课程模式，力争让学生在实践中体验生活，在生活中感受道德，在道德中获得喜悦，在喜悦中感受成功。生活德育真正落实到了学校教学的方方面面。

3. 主题活动系列化

统筹利用节假日、特殊日，挖掘特殊事件，设计开展主题教育活动，形成常规活动。

为实现德育的整体性和系统性，学校把综合活动作为德育的另一主要体系。它是以集体活动为主要形式的综合性活动，包括大型活动、班队活动和志愿者活动，共同构成了内容丰富、形式多样、方式互补的综合活动框架。

大型活动是以年间大型节日为契机，以学校为单位的整体活动。共分为两个部分：固定性活动，包括学校每学期在固定时间进行的活动，如入学式、爱智读书节、灵动艺体节、生活体验节、科技创意节、亲子教育节、国际文化节、十周岁礼、毕业礼。补充性活动，包括学校针对性开展的特色活动，如"爱心献祖国"百米长卷绘画活动、军事探索综合实践活动、"大手拉小手"花样馒头创意活动、集体生日会包饺子活动、"春节七天乐"、"话中秋，迎国庆品甜蜜生活"系列活动之"我来做月饼""包粽子""爱心超市"等多项大型特色活动。

班队活动是以班级为单位，依托少先队组织，以集体主义为原则，有目的、有计划开展的内容丰富、形式多样、生动活泼的集体活动和学生实践体验，如4月份"寻找春天赏梅活动""爱鸟周活动"。每年10月份的第4个星期四是"感恩节"，班主任老师精心设计班级活动，引导学生回忆父母教我们走路、吃饭、穿衣、上学的情景，调查学生对父母的生日、鞋码、喜欢的食物等方面的了解，将学生内心深处的感恩之情激发出来。学生怀着无比激动的心情为父母制作了感恩卡，写下了真诚感人的话语。

志愿者活动是面向学校和社区的服务性实践活动，志愿者们在服务实践活动中，以帮助他人、完善自己、服务社会的精神宗旨，自觉地奉献社会、关心他人、扶助公益。在家长的参与、社区的支持帮助下，志愿者活动得以顺利开展。学校根据学生的年龄特点，成立"手拉手"互助分会、"美容师"环保分会、"亮眼睛"服务分会、"储蓄罐"节约分会、"小叮当"维修分会、"小信使"宣传分会等若干志愿者分会。

劳动种植活动是参与学校劳动基地的动手实践活动。学校开辟了"播爱苑"种植实践基地，为学生提供了一个劳动、体验、研究、分享、合作的平台，通过蔬菜、农作物、花卉的种植、管理、观察、描绘，让学生亲近自然，走进科学，体验生命的珍贵，体验收获的喜悦。为进一步深化德育成果，我们还将采摘的果实送到敬老院，将爱心延续到社区，进一步升华了学生的责任感和使命感，老人家赞许、感动的言语加深了学生对分享喜悦的情感体验；同时，也将孝敬老人这一中华传统美德潜移默化地根植于学生心底。

4. 习惯培养常态化

中央教育科学研究所所长朱小蔓教授曾打过一个非常恰当的比喻。她认为德育是"盐"，人不吃盐不行，但也不能单纯吃盐，必须将盐溶解在各种食物当中吸收；我们在吸收盐的时候，是看不见盐本身的，因为盐已经融入了各种食物之中，但盐很自然地进入了人的体内。德育也应当如此，它也应该自然而然地融入其他教育之中。

叶圣陶说，教育就是习惯的培养。小学时期正是人的品德形成的重要奠基时期，确定以养成教育为突破口，重点抓学生文明言行举止的养成教育，培养学生待人有礼貌的习惯，培养其爱校、爱班集体的精神和守纪律、爱劳动、讲卫生的习惯等。

5. 实施过程科研化

任何一项工作，如果没有科研的保障，往往会半途而废，这是我在十几年的校长管理经验中形成的惯有思维。于是，2012年开始，我就着手进行课题研究，确立了"生活德育课程体系建构与实践策略研究"

这一课题，由我做课题主持人，反复修改了课题申报书，申报了青岛市重大课题并获得立项。这给了我们极大的信心。2013 年，省级课题申报的通知发到学校后，我觉得不能只停留在市级层面，而应该向更高层次发展。于是，我马不停蹄地找专业人士帮忙，再次修改我们的申报书，报到省里。功夫不负有心人，12 月份我们就收到了省课题的立项书，虽是一般课题，但也着实令我们兴奋。我也再次体会到了"不怕做不到，就怕想不到"的道理。

接到立项书后，我立即找到区教体局教科室王主任，请求支持，召开省课题的开题论证会。王主任欣然答应，并说："需要我们做什么，你尽管说。"我单刀直入："需要您帮助邀请市教科所于立平所长。"王主任说："马上联系。"

于所长来到学校后，提议我们邀请省教科所的领导也来参加，这是我求之不得的事情。于是，于所长又让这个会议再次升格，省教科所李文军所长亲自来参加会议，真是令我欢欣鼓舞。

2014 年 3 月 3 日下午 1:30，在天泰城学校多功能厅，山东省教育科学"十二五"规划 2013 年度规划课题、青岛市教育科学"十二五"规划重大课题"生活德育课程体系建构与实践策略研究"开题论证现场会如期举行。

会议由青岛市城阳区教体局教科室主任主持，青岛市各县市区教科室主任及骨干教师、城阳区各中小学校分管校长、教科室主任及区市滚动立项课题主持人参加了会议。

这是我第一次在全市各县市区面前展示，也是第一次承办有省领导在主席台就座的会议，我格外重视，也格外紧张。开题报告原本 30 分钟，为了给领导留更多的讲话时间，我压缩到 15 分钟。这给了我不小的压力。在反复琢磨、认真思考后，我从为什么要确立这个课题、课题是什么、怎么做这个课题三方面进行了阐述，因为准备够充分，我已经可以脱稿阐述了。我在台上面对听众，侃侃而谈。我的自信写在脸上，荡漾在心间。报告结束，我收获了热烈的掌声。

随后，山东省教育科学研究所李文军所长、青岛大学师范学院钱国旗院长分别进行了点评，青岛市教育科学研究所于立平所长做了总结讲话。

会议一结束，青岛市市南区的教科室主任走上台前，跟领导们握手之后说："你们城阳区真是神速。我们市南区也在积极筹备这个会议，结果让你们抢先了。"我和参加会议的教体局副局长、主任听到后都会心地笑了。

这次会议让学校在青岛市教育系统充分亮相，随后，我个人在市级的不同会议上也多次亮相。就在那年7月份的全市课题培训会上，我做了课题研究的经验交流。其后，青岛市的多次大型活动均安排在我的学校。

6. 特色项目品牌化

在这样的实践活动中，形成了我们自己的德育品牌"行孕大德"，并荣获青岛市十佳德育品牌。

我们最早的德育名称要追溯到2011年11月，当时的品牌名称是"生活德育"，它的品牌理念是"生活即教育，实践出真知"。在标识设计上，也着实花了一番功夫，经过再三斟酌，最终确定了标识，并在2012年第1期青岛市德育论坛刊出。专家做了这样的点评：该校实施的"生活德育"是德育回归主体、回归规律的体现。作为德育的主体，学生在"衣、食、住、行、人际交往"等真实生活场景中，体验、生成和发展"爱生命、爱自己、爱他人、爱环境、爱艺术"的道德情感和行为。道德存在于生活中，生活是道德生成和道德教育的起点，灌输和说教是必要的，但更重要的是靠德育主体的生活体验和实践，这就是德育的回归。

2012 年 6 月正值申报青岛市第二批德育品牌，经过一年多的探索与实践，我们对"生活德育"又有了新的认识与界定，经过反复琢磨推敲及专家论证，最终确立了"行孕大德"作为学校德育品牌的名称，同时确立了新的德育品牌标识。它由运动的两个人连接形成了正负形态的心连心的图案，体现了人文关怀。两人的环抱又是"行"字的变形，图案的层层包裹取自玫瑰花型，象征祖国花朵绽放、蓬勃向上的含义。评选时，我进行了理念阐释并结合我校的具体做法，做了详细介绍。评委们连连点头，一致通过。2013 年"行孕大德"被评为青岛市第二批十佳德育品牌，也是城阳区唯一一家，得到了教体局领导的大会表扬，并在 2014 年的暑期校长培训班上作为城阳区创新成果做了创建过程的汇报。

行稳致远，进而有为。学校继续秉承陶行知先生的教育理念，在"生活德育"这条道路上不断探索，不断创新，打造学校德育知名品牌。

二、智美融合，剧演生活

天泰城学校在建校之初，便全方位营造了以"爱·智"为核心的学校文化，力求通过教育使学生具有丰沛的内心和智慧的头脑。因此我们全力实施生活教育。生活教育必定是要落实在生活实践中的，师生们把生活实践搬上了舞台，智育与美育融合发展。剧活了，生活更活了！

勾画戏剧发展蓝图

青岛市城阳区历来非常重视艺术、体育工作。自 2008 年起，城阳区教体局开始举办每年一届的"区长杯"艺术体育比赛。区领导非常重视这个比赛，也给各中小学带来了展示自我的机会，所以每年的比赛都精彩纷呈、竞争激烈，水平也在不断提高。

非常幸运的是，在当时的15位老师当中，有一位有思想、有敬业精神的音乐老师——刘雪峰，她来自区实验小学，有着丰富的"区长杯"比赛经验。当2012年的"区长杯"比赛方案发布以后，刘雪峰老师告诉我："校长，每年的'区长杯'竞争都非常激烈，今年要求区直学校4个项目都得参赛。您说咱们学校学生少，年龄小，怎么能够每个项目都参赛呢？特别是器乐项目，没有长时间的训练，根本参加不了比赛。"

是啊，学校成立仅半年，学生只有180名，都是一二年级的小孩子，怎么去参赛呢？况且'区长杯'比赛的激烈程度我是知道的。我原来在街道学校，街道教委办是把参赛项目分给各学校，一般每个学校只分一个项目，全力冲刺一个项目我们都觉得很吃力，何况4个项目都参赛呢？

"雪峰老师，谈谈你的想法？"我鼓励她。她说："我想用戏剧的形式参加比赛或许会好一些，这个我可以负责。"我说："好啊，你是咱校仅有的音乐老师，还是大队辅导员。你就放开手脚，怎么想就怎么干吧，我在背后支持你。"她又说："每年的戏剧比赛也非常激烈，我自己的水平还是不够的。特别是得有好剧本，我想邀请一个专家到咱们学校来，帮助咱们写一个剧本，您看行不行？"我说："完全可以，马上行动！"

对于请专家，我也很熟悉了。在中华埠小学时，学校承担了合唱的比赛任务，每年都要请青岛市的专家来指导，专家的指导也确实会带来水平上的大幅度提升。中华埠小学的合唱在专家的指导下，每次比赛也是名列前茅的。我也曾在全区教育系统"区长杯"艺术比赛的总结会上受过表彰呢！

　　一周之后，雪峰老师便带戏剧专家来到我的办公室。我和专家交流了一下，问专家有什么想法。专家告诉我，他初步想了一个故事方案，就是孩子特别调皮，用弹弓打下鸟之类的这样的一个故事。我一听就说："这个故事太古老。我上小学的时候可能会发生这样的故事，有没有更好的作品呢？"当时专家说："我回去考虑一下"。

　　专家走了之后，我跟雪峰说："咱们这不是生活教育吗？我们应该根据咱孩子的日常生活来创作。雪峰老师，我们是否可以在这方面下功夫呢？"雪峰沉思了好一会儿，开口说："校长，我当大队辅导员，发现孩子们身上的确有不少缺点，不如咱们自己来创编吧！您是语文老师，文字上您来把把关，我来主笔。"我瞅着雪峰，眉开眼笑，恨不得上去给她一个大大的拥抱。"雪峰，你是我肚子里的蛔虫吗？这正是我的想法。我看重的不是结果，而是实践的过程。"

　　于是，这位有思想、追求完美的老师，开始了创作，针对学生实际生活中存在的不爱惜文具的现象，创作了一个名为《豆豆和玩具朋友们》的作品（后改名为《玩具的控诉》）。剧情展现了一个 7 岁的小姑娘豆豆因为长久以来对玩具的不爱惜，致使玩具们一起对她进行批评教育。最后，豆豆认识到了自己的这些坏习惯，决心做一个爱护玩具、懂得珍惜的好孩子。经过两个多月的打磨，这部剧如期参加了"区长杯"比赛，并获得了二等奖。这令我兴奋万分，毕竟一等奖小、初、高三个学段合在一起才有 3 个，而我们第一次"出道"，就获得了二等奖，太棒了。

　　紧接着，区教体局举办"六一"儿童节庆祝活动，主题突出 8 个好习惯的养成。因为题材的契合，我校的校园剧《玩具的控诉》被邀请演出。演出结束后，我们听到了周边学校的评价，有鼓掌的，也有鞭策的。但无论演得好与不好，别人评价如何，这是我们自己的心血，更是我们学校实施生活教育的巨大成果。在学校召开的总结表彰会上，我大力表扬了老师和演出的孩子们，也提出让孩子们将"演一演"作为一种学习方法尝试使用。

而我们的雪峰老师，没有沉浸在初步获得的成绩里，立刻开始了新作品的创作。雪峰老师负责叙述发生在学生身上的事件，我负责提炼主题，表达思想意义。在多少次思想碰撞之后，第二部作品《1234567》出炉了，讲的是7个音符争功的故事。2013年的"区长杯"比赛也迫在眉睫了，雪峰老师找到我说："咱们还是请青岛市话剧院的曾拥军老师来帮助指导指导吧！"曾老师是青岛市话剧团一级演员，全国梅花奖得主。后来，经过她的一番指导，孩子们的表演水平确实有了大幅度的提升。

2013年的"区长杯"比赛，学校加大力度，从演员的服装造型到舞台效果都做了充分的思考。现在回想起来好似轻描淡写，但雪峰老师当时真是下足了力气，压力也很大，经常整宿地睡不好觉。但功夫不负有心人，"区长杯"比赛我们顺利地获得三个学段总分第一名，这令全校老师和孩子们兴奋无比。那7个小演员，俨然成为学校的英雄，走到哪里都是一片羡慕的眼神。很多学生都争相模仿着剧中角色，全校充盈着因演戏而引起的欢声笑语。

2013年秋天，获得了"区长杯"比赛第一名的《1234567》，代表城阳区参加青岛市第二届戏剧节比赛，而那一年恰好又逢山东省戏剧大赛与青岛市的比赛合并进行。比赛结束后，雪峰老师兴奋地给我打电话："校长，咱们拿到了省赛第一名啊！"那种兴奋，那种激动，多年后的今天还在我耳边回荡。而彼时的我，正在教体局安排的校长培训班到成都学习结束后回家的路上。

雪峰老师的兴奋与激动感染了我，而我也一直沉浸在成都之行中。刚刚参观的几所优质学校，给我留下了深刻的印象，特别是成都草堂小学诗意教育，一直萦绕在我眼前。成都草堂小学门口有"诗意的方向，做最好的自己"的校训，到走进校门就踏上的"诗路花语"，那是一条从校门口通往教学楼的大路，有规律地镶嵌着一块块铝板。铝板上刻有杜甫的诗，顿时感觉别出心裁，诗意感油然而生。"诗路花语"的尽头就是教学楼，大门两旁豁然映入眼帘的是一副对联"茅屋秋风蔚起人文钟百代，草堂秀色列成桃李诵三千"。及至走进教学楼，杜甫坐于草堂屋的塑像安置在大厅中，大厅两侧就是孩子们作诗的"好雨轩"。校园内的每一个景点的名称都从诗中来，就连每个教室都是一个诗社的名称，满楼满园都浸润着诗意，那种冲击力无不让人感觉到学校强大的诗意特色。

当雪峰老师的兴奋和蓝继红校长的诗意结合在一起时，我的大脑立即展开了一幅画面，一条戏剧特色发展之路浮现在我眼前。回家后我一夜未眠，整理出成都学习的照片和体会，而我的梦想之路似乎正在无限延长……

周一回到学校，我立即召开了校委会，把我在成都学习的内容和体会通过 PPT 展示给大家看，并让大家谈体会。大家没有亲眼所见，自然没有那么深的体会，但当我把想法和大家交流时，大家不约而同地鼓起掌来。于是，我们共同决定在实施生活教育的基础上走戏剧特色发展之路。

之后，我充分研究分析了打造有戏学校的优势和劣势——

优势有六。

第一，实施生活教育，学生学会了观察生活、认识生活，并亲自承担一项家务劳动，孩子们在观察与实践中对生活有了感受和体验，有利于剧目的创编与表演。

第二，配合生活教育编写了校本教材《爱智生活课》，并作为必修课每周开设两节。这两节课的主要教学形式为做一做、演一演，有利于戏剧的全面普及。

第三，有"领头羊"式的教师，对于舞台剧的表演指导有独到之处，且有勇于奉献精神，音乐组的教师优势也比较明显。

第四，青年教师居多，能很快地领会并指导本班学生的创编与表演。

第五，聘请了青岛市话剧团演员、梅花奖得主曾拥军老师作为学校的戏剧教育顾问，直接指导学校的戏剧工作。

第六，区教体局、学校领导非常重视此项工作，提供了物质保障。

劣势有三。

第一，学校建校时间短，年级不完善，学生年龄小，出高质量作品有一定难度。

第二，师资力量还需加强。

第三，学校的硬件建设不够，阻碍特色项目的发展。

优势大于劣势，此项目可行。

于是，我亲自制订了《智美融合，剧演生活》的学校三年特色发展规划，提出了"打造一所有'戏'的学校"的办学目标。有"戏"，自此以后，一直陪伴着我，直至现在。

（一）指导思想

为更好地完成学校的育人目标——让学生成人、成才，创造美好的生活，引导学生过健康的生活、智慧的生活、创意的生活、优雅的生活，根据学生的需要，通过读剧、看剧、编剧、演剧的过程，培养学生形成健康的心态，发掘多元潜能。

（二）战略目标

2013年：制订特色发展规划，更新校园文化建设，突出独有的育人氛围，做好全校普及戏剧的准备工作。

2014 年：学校成立剧团，班级成立剧社，做到戏剧进课堂，开发校本课程，形成校本特色，扩大其在区域内的影响力。

2015 年：创建"一所有戏的学校"品牌，在青岛市乃至全国有一定影响力。

（三）路径和措施

1. 全校普及，做到"班班有剧社"

班级剧社的成立为学生搭建了一个舞台，使学生都爱上了戏剧。他们展示风采，提高能力，树立信心，完善自我；每个班级成立自己的剧社，并设有编剧组、导演组、舞美设计组、道具服装组、电脑合成及音响组等"专业队伍"。这让学生拥有一个属于自己的"快乐地带"，一个属于自己的"戏剧王国"。

2. 在普及的基础上提高，成立学校剧社

为了使部分学生的表演水平得到进一步提高，也为使我校戏剧在校园里普及的基础上有进一步的提升，学校成立了天泰城学校"123儿童剧社"，并逐步完善戏剧社工作机构。刘雪峰老师担任学校剧社的社长，聘请青岛话剧院曾拥军老师担任剧社顾问。岛城著名儿童剧创作家代路老师担任我校戏剧指导，每年定期到校指导教师和学生表演。

3. 开发校本课程

教材编写，学生的训练分项、分级（具体分初、中、高三个阶段编写教材，进行训练）。

教材编写的内容：

（1）根据学生年龄特征，引领学生欣赏相关儿童剧，消除其畏难情绪，激发学生参与兴趣。

（2）言语表达与戏剧表演训练。

（3）儿童剧的台词演讲技巧与实践。

（4）儿童剧的装扮技巧与实践。

（5）儿童剧的化妆技巧与实践。

（6）儿童剧的表演合作与实践。

（7）儿童剧的舞台、音乐等舞美简单设计与欣赏。

（8）如何由故事改变成儿童情景剧与实践。

（9）儿童剧的文本创作。

教材编写的指导：聘请山东艺术学院李军老师作为教材编写的指导老师。

4. 积极参加各种比赛及演出活动

（1）丰富校园生活：结合学校一年一度的校园戏剧节（新年之际），举行各年级展演。剧本选择：以中小型国内外经典童话剧、取材课本的课本剧、反映时代主题和当代少先队员校园生活的校园剧为主。剧本可以是改编也可以是自创自编（鼓励创作），既有校园普及的小戏，又有参赛的中、大型剧目。

（2）拓展戏剧功能：举办戏剧比赛或展演时，充分结合德育主题教育，发挥育人功能。

（3）拓展服务功能：计划走进社区，服务社会：每学年送优秀剧目到区内敬老院义务展演、宣传或完成1到2场公益性演出。

（4）主攻创新推优：积极备战区、市戏剧类比赛，如城阳区"区长杯"戏剧专场比赛、青岛市中小学生艺术节戏剧专场比赛等，争取优异成绩，为我校儿童戏剧发展推新品，创精品，引领学校整体戏剧水平上台阶。

（5）扩大交流范围：积极参加对外交流，参与国内省市演出、戏剧交流等活动。

5.保障措施

(1) 组织保障

成立以校长为组长的特色项目发展小组，共同研究制订项目发展规划。小组成员要团结协作，勇于开拓，各司其职，各负其责，共同担负起特色项目发展的重任。

(2) 制度保障

完善各项规章制度，特别是教师、学生激励制度，激发教师、学生的积极性，让戏剧特色发展不断取得实效。

(3) 师资保障

加强校园戏剧的技术支持和师生培训。加强骨干教师培训，带动全校教师发展。建设一支乐于奉献、勇于创新的教师队伍。为规划的顺利实施培养优良的师资队伍，优化育人环境，营造和谐、优质的教育大环境。

(4) 经费和后勤保障

需要完备戏剧功能室、音响、灯光、服装、道具、舞台等设施。规范戏剧社教师工作机构，学校正式聘任戏剧社教师工作人员，将每年演出经费、剧组人员劳务费补助制度化。剧社有固定的活动经费。

(5) 社区与家庭保障

利用社会资源，争取家庭社区的配合、理解和支持，发挥家委会的能动性，保障特色项目的进行。

(6) 监控与评价保障

将特色项目的发展纳入学校总体考评项目，对承担任务的老师给予公开、公平、公正的评价，并在评优评先时给予一定倾斜。

校园戏剧活动的普及给校园生活注入了一股鲜活的力量，校园文化呈现出崭新局面，我们希望戏剧能陪伴孩子们在学校度过快乐的 9 年义务教育里程，让他们由稚嫩逐渐走向成熟。

建设戏剧特色之路

戏剧是一种综合性艺术，极具育人功能。儿童戏剧是指用语言、肢体、表情等形式表现的一种表演形式，设计轻松、愉悦、有情节、有故事性、有理念的表演。简单来说，儿童戏剧就是把书中静态的故事，借舞台、道具、灯光、音乐、场景布置等展示出来，由演员在舞台上表演给小朋友欣赏、观看。一部优秀的儿童剧，会滋润千千万万小观众的心田，伴随着他们健康地成长。儿童剧是很讲究结构的艺术，好的儿童剧应当以单纯的结构表现丰富生动的内容，而且要有发人深思的寓意。儿童剧一定要有儿童情趣，要让小观众坐得住、看得懂、感兴趣。

余秋雨先生说过："一个孩子如果没有机会从小学习表演，将来很难成为有魅力的社会角色。让儿童参加戏剧表演，不是要培养文艺爱好者，而是要赋予孩子们一种社会技能。"戏剧教育可以让学生详细了解戏剧的各种元素，锻炼自己的语言和肢体表现力，培养面对外部环境的自信心。

戏剧教育专家李婴宁也表示，戏剧教育可以锻炼学生的想象力、创造力、沟通表达、团队合作、解决问题乃至肢体运用等多方面的能力，有利于学生了解别人、了解世界以及人格的全面发展。

自 2013 年开始，我们便开启了戏剧教育的探索之路。

1. 借《小吉普变变变》调动全校师生的积极性

2013 年 11 月份，我们邀请了青岛市话剧院的专业演员到学校为孩子们送来儿童剧《小吉普变变变》。整个多功能厅里座无虚席，800 个孩子竟然不需要一个老师来维持秩序，都看得非常投入和兴奋。这是学生集会从来没有出现过的场面。看完，趁着孩子们的兴奋劲儿，我让学校里的小演员们，给大家献上了学校刚刚获得山东省戏剧大赛一等奖第一名的《1234567》这个作品。同学们看到了自己身边的同学表演得那么好玩，都激动地表示要学习。孩子们的积极性被调动起来了，老师们也看到了孩子兴奋的一面。戏剧教育之路在渗透中起步。

2. 加强教师培训，突破人才瓶颈

孩子们的积极性好调动，但要调动老师们的积极性就不是那么容易了。在初步提出这种意向时，老师们就有畏难情绪，而我认为会不会是一回事，想不想就是另一回事了。关键是大家要有做的想法，于是在班子成员都想积极推动的情况下，在全校各个层面进行了动员会、讨论会、研讨会。学校还专门召开了全体教师会，把我对戏剧教育的理解和学校规划的戏剧教育蓝图给老师们做了分析，使老师们从情感上能接受，并能真正地理解戏剧教育的意义。情感引导加行政命令，老师们还是能接受的，但专业的培训是必不可少的。尽管有酷爱戏剧的刘雪峰老师，但她也不是科班出身，全凭兴趣自己摸索。凭她一己之力要全面铺开还是有难度的，我们的目标是让全校老师都成为兼职戏剧老师。这样一来教师培训就成为普及戏剧教育的第一关，也是难关。

2014年春节过后，学校便安排全体教师到青岛市青话小剧场去看戏，感受戏剧之美。后来到剧场看戏成为老师们的常态，青话小剧场，青岛大剧院，娄山剧场，我和老师们成了常客。只要得知有儿童剧演出，学校尽力安排。有一年，濮存昕领衔的话剧《茶馆》到青岛大剧院演出，票价很昂贵。我就想办法买到低价票让老师们去感受。

为了真正实现专业引领，学校聘请了青岛话剧院原院长、著名儿童剧作家代路老师为学校戏剧发展顾问，聘请了话剧院名宿、梅花奖得主曾拥军老师为学校戏剧社的老师。代路老师和曾老师都给老师们做过培训。

为了让戏剧教育走向更高层次，在曾老师的提议和推荐下，学校走进了山东艺术学院，聘请戏剧表演专业的李军院长到校指导。至今还记得，为了见到李院长，我和雪峰、曾老师一起前往济南。为了方便，

我便让在家休息的老公开车拉我们去。李院长非常忙碌，直到晚上 8 点才见到他，而这一聊就是半宿，直到凌晨 1 点多才结束。第二天清晨又开始往回赶，回到学校后立刻开始讨论李军院长的意见，并形成了书面材料。

获得李院长的支持后，学校邀请他作为戏剧节点评嘉宾，好多孩子看到他也无比兴奋，因为他是山东综艺频道的节目嘉宾。孩子们认识他、崇拜他，听他的点评也格外认真。比赛结束后，他结合老师们编排的剧目为全体教师做了有针对性和实效性的讲座，令老师们受益匪浅。老师们就是在这样一次次培训中，戏剧教育素养逐渐提升起来。

之后的 4 年时间里，我又邀请了有多名戏剧专家来学校指导培训老师，其中包括青岛市戏剧研究院迟涛院长、山东艺术学院涂文蓓教授、北京电影学院刘汁子教授、上海戏剧学院李世涛教授。

为提升老师们的素养，我也经常带领老师"走南闯北"，到过常州，去过北京，参加各种全国戏剧教育培训。

学校也有计划地带领教师阅读戏剧教育的书籍，举行班级戏剧建设交流会、学科教学研讨会等，促进教师的相互学习、相互提高。

在这样的内引外联的培训中，老师们的专业能力突飞猛进，人人都有戏剧教育意识，班主任老师更是承担起了每周一节的戏剧课授课任务。

从人才培养的角度来看，教师能否组织、排练一场儿童剧，是对其综合素质的考验。因为儿童剧的选材、剧本的编写、排练、表演，还包括音乐、道具、服装、布景等，每个环节都是对教师的一种锻炼。起初学校在普及儿童剧时，班主任大都将每次的校园戏剧大赛视为最头痛的事情，而经过多次的被"赶上架"之后，大家都在儿童剧排练方面积累了丰富的经验。经过戏剧教育的磨炼之后，日常工作中无论是组织教学还是组织活动都变得得心应手。

3. 剧社引领戏剧教育走向更高水平

凭借刘雪峰老师的精心指导和几位小演员们的勤奋努力，推出了多部优秀剧目，并站上了越来越高的舞台。校级戏剧社已经渐渐成型。2014 年 6 月 11 日，在著名儿童剧作家代路老师、岛城话剧"名宿"曾拥军老师及青岛市体卫艺处赵云风老师的见证下，天泰城学校"123 儿童剧社"成立了。名字来自《1234567》这部获得省赛一等奖的剧目名字，而我喜欢这个名字的更大原因是"道生一，一生二，二生三，三生万物"的道家思想。戏剧社由刘雪峰老师担任社长，青岛话剧院曾拥军老师担任顾问，定期来校指导教师和学生表演。学校还与青岛光影梦工厂携手，定期派专业演员、表演艺术家到校为孩子们上表演指导课。孩子们喜欢，家长也支持。校级剧社的成立迅速扩大了学校戏剧特色的影响力。

"123 儿童剧社"出品的优秀剧目《玩具的控诉》《1234567》《猴吃西瓜》等多次获得省、市一等奖。2015 年《猴吃西瓜》改编版再次从青岛地区脱颖而出，这部剧讲述了一群猴子在探索西瓜吃皮还是吃瓢的过程中，在长辈的经验和多数猴子的意见都指向"吃皮"的情况下，一只小毛猴因为坚持"吃瓢"的观点被嘲笑，而获得独享整个瓜瓢的"苦果"，最终让猴王和同伴们对他刮目相看。简单的故事却蕴含着"多数意见不一定正确，墨守成规不可取，实践是检验真理的唯一标准"等道理，具有极深的教育意义。为了这部剧的演出效果，小演员们经历了长达半年的训练。这部作品最终获得了全国第五届中小学生艺术展演二等奖。当听到得了二等奖时，孩子们都哭了，一是为自己的辛苦付出，二是觉得应该有更好的成绩。而我不断地安慰孩子们："我们还有进步的空间，还需要再努力哦！"

校级剧社的成立，不但为学校精品戏剧节目的创作提供了全方位保障，更为那些具有表演天赋的孩子创造了自我提升的平台。凭借自身优秀的表现力，剧社小演员们在外演出的过程中，不断得到专业界人士的好评，并开始受邀参演影视作品。2014年8月，王前和林奕妤出演了由"光影梦工厂"拍摄的微电影《开心的夏天》。2015年6月在山东卫视和安徽卫视热播的电视剧《你是我的姐妹》中，林奕妤出演童年安乐，并将其飞扬跋扈、蛮横无理的性格演绎得淋漓尽致，受到了导演和观众的一致好评。

剧社的成功离不开刘雪峰老师的付出，她原本只是一位普通的音乐教师，是个平时喜欢搞怪、表情丰富的人，却也是一位对工作要求严苛的人。在学校里她善于发掘具有表演天赋的孩子，经常会在同事面前说起："某某学生演个某某角色肯定很像。"她善于从发生在孩子们中间的逸闻趣事中提炼出适合表演的剧本。最初就是她组织了几个学生，编排出舞台剧《玩具的控诉》参加了青岛城阳区中小学戏剧大赛，凭借孩子扎实的基本功和出色的表现力，一举成名。接下来，随着她对剧社成员表现力和基本功的不断磨炼，加之孩子们舞台经验的日渐丰富，学校剧社的影响力越来越大，为全校开展戏剧特色奠定了基础。善于发现，善于琢磨，精益求精，这是体现在刘老师身上的戏剧精神，不但影响了她的学生们，更影响了身边的同事。很多年轻老师开始学习刘老师，在自己的专业领域不断钻研，取得了优异的成绩。戏剧精神逐渐成为流淌在天泰城学校里的一种精神力量。

4.班班有剧社，人人能演戏

校级剧社取得成功以后，开始借助其经验向班级和课堂教学普及。但是普及又不能效仿专业化、高标准的路子，要低标准、广参与。2014年3月，全校各班成立了自己的剧社，班主任老师结合本班孩子的总体特点、班级文化及班级特色，与学生、家长共同讨论交流，为自己的班级剧社赋予了极具特色的名称，例如小海星剧社、七色花剧社、米奇妙妙屋、小飞马剧社。每个剧社都设有编剧组、导演组、舞美设计组、道具服装组、电脑合成及音响组等"专业队伍"。

每个学生都要参与读剧、看剧、编剧、演剧的过程，每周有一节戏剧指导课，同学们可以根据自己的兴趣特长，在戏剧课中选择表演、舞美、配乐等不同的分工，边学习，边实践。戏剧课程涉及了音乐、美术、影视、舞蹈、文学等相关内容。期末汇报演出时，学生必须参演一个剧目。课堂上通过读剧、看剧、编剧、演剧的过程，潜移默化地影响学生，使孩子们的综合素质得以全面提高，形成健康心态，发展完美人格，构建多元潜能。班级剧社的成立，使教师、学生、家长融为一体，共同走上了戏剧创作和表演之路。

各班级剧社的老师在带领学生排练儿童剧的时候，注重训练孩子的口头表达能力和表演技巧。但随着学习的深入，老师们开始意识到，孩子进行这种训练绝不仅仅是学会扮演这么简单。他们在一起互相学习、互相影响，不断重复剧中的台词语句，随着自由发挥成分的不断增加，语言能力也随之得到发展。此外，戏剧更给孩子们提供了一个宣泄情绪的途径，真实体验角色的喜、怒、哀、乐，对情绪情感的健康发展也起到了重要作用。

传统的儿童剧是先定好剧本，儿童只是被动地将剧本内容进行完整呈现。而我们在实践中进行了改革，学生可以对角色自由发表意见，愿意演一棵不引人注目的小树，或者是守株待兔的主角农夫，都可以和老师讨论。对于角色的不同，孩子之间不会有攀比心理，老师更不会随意评价谁演得像不像，孩子们的排练是一个交流、合作、发挥优势的过程。在这样的过程里，自信、团队、合作、执行等品质悄然形成。最后的演出在灯光、音响、观众齐备的学校多功能厅或小剧场进行，老师往往和家长配合起来解决服装和道具的问题，老师也不给孩子们"演砸了怎么办"的焦虑暗示，而是教他们带着盛装的心情享受表演。

学校每学期一次的校园戏剧大赛，给各班级剧社提供了很好的展示平台，各剧社将一学期里打造得较为成熟的剧目，经过道具、服装、舞美等包装后搬上学校舞台，呈现给全校师生和家长。

近年来学校已举行过 4 届校园剧大赛，在欢声和掌声中学生们接受潜移默化的精神文明和道德文明的教育。例如，三年级一班的儿童剧《没牙的老虎》，告诉孩子们吃糖太多对牙齿的伤害，提醒他们少吃糖。家长反馈说："以前孩子经常拿糖果来谈条件，可是演完这个剧以后，不但自己不太吃糖了，还时刻提醒邻居的弟弟妹妹们，为他们讲述吃糖的危害！"班主任孙老师说："班里有两个同学参加了此次演出，这两个孩子都是缺乏自信的孩子。但在此次演出中，我发现他们脸上总是浮现出自信与快乐的笑容。这次表演不仅提高了他们的技能，更教给他们一种处理身边事的态度和方法，使他们找到了自己社会化过程中的成长点。"

这个过程中涌现出的优秀班级作品不胜枚举，例如《动物园风波》《蜗牛的奖杯》《狐假虎威》等，也有多名具有表演天赋的同学脱颖而出，被纳入"123 儿童剧社"接受更为专业的指导和训练。这种班级剧社到校级剧社的良性循环使戏剧的氛围很快充满了整个学校，每个学生都有机会在或大或小的舞台上扮演一个角色，真正实现了"人人有戏"。

成就有戏学校文化

学校在戏剧特色的发展过程中，始终本着"教育让生活更美好"的宗旨，让全体学生的生活更美好；通过涌现、发掘和重点培养，让所有的学生获得创造美好生活的能力。于是"人人有戏，人人精彩"成为学校的办学目标。

"我们学校有戏"成为一种精神文化，有理想、有梦想成为一种价值追求。在戏剧教育慢慢成为师生家长的共识后，有戏的学校文化便自然彰显出来。

　　一进校门，豁然映入眼帘的"有戏的人生从这里启幕"已深刻地印入孩子们内心。一进大厅的"天天小剧场"成为孩子们的乐园。每天中午，孩子们可以在这里收看各种世界著名的儿童剧，抑或可以申请班级演出，通过海报邀请其他班级来观看。而每年戏剧节之前一个月的海报展出与比赛，更是令这里热闹非凡。小剧场上空的"我们学校有戏"的展牌高高悬挂，令孩子们常常仰望星空，而剧场旁边的梦想树、心愿墙又激励孩子们脚踏实地、奋勇向前。在美术老师的指导下，孩子们巧手制作的传统戏剧故事美术作品、各项演出获奖的剧照等被张贴在走廊墙上；"有你就有戏"的全体教师单人照片等使全校师生时时处处感受到戏剧文化的冲击。

　　而在全校普及舞台剧这项活动中，形成了独特的活动文化。每年的戏剧节比赛雷打不动，要求每个班级的每个学生都要参加，其中参与率是很重要的评价标准。进入12月份，学校就天天呈现出节日的气氛。低、中、高年级三场分赛，年底的汇报演出，教师、学生、家长荡漾在戏剧的氛围中，那是全校学生的快乐时光。开设戏剧课程，将戏剧元素应用到日常教学当中，在实施这项活动的过程中，老师们逐渐地进入了戏剧教学法的研究，使戏剧特色在我校的教育教学工作中扮演了越来越重要的角色，也为我校的"爱·智"教育理念找到了一个很好的落脚点。

　　课堂教学中融入戏剧元素，成为独特的课堂文化。教学中融入戏剧元素之所以能提升教学效果，是因为戏剧表演本身的特点，也可称之为戏剧精神。从学习内容中提炼成剧本，到台词的熟记，甚至每句话的语气语调表情都要不断地打磨，否则无法形成一个完整的剧目，也无法获得观众的掌声。如果学习内容是一篇课文的话，那么在学生能将其用戏剧形式表演出来的时候，早已将文章内容熟记于心并理解透彻。这种对于细节上严格要求的精神，正是学校希望教师在教学、学生在学习上追求的方向。

在教师文化的提炼上，我们提出了"有你就有戏"的教风，突出教师工作的重要性，也进一步提出了学校里每位师生工作和学习中都要像戏剧表演一样，通过对自我的严格要求和对细节的精益求精，获得出彩的效果，从而实现人人有戏，人人精彩。

随着时代进步，孩子们的思想比我们想象的要成熟得多，要将孩子看成一个自主自立的完整世界，而不是总摆出成人居高临下的姿态。我们提倡小手拉大手，是因为今天的社会是一个儿童教育成人的社会，孩子们比成人更敏感、反应更快捷。因此用积极的引导方式，调动一切可能的资源，激发孩子的创造力，促使他们的身心健康发展。在我们学校儿童戏剧艺术成为伴随儿童成长的快乐伙伴和幸福天地。

只有这种金字塔结构的生态系统所孕育起来的学校特色，才能逐渐转化为学校的文化底蕴。

三、有戏课程，戏融校园

自从 2012 年有幸与中国教育科学研究院基础教育研究所陈如平所长认识以来，我就尊崇他为"师父"。之后这许多年来，只要听到陈所长在哪里讲座，我就会到哪里去听。只要陈所长来到青岛，无论到哪所学校，我都要跟随去学习。陈所长的学校建设之路，就是我效仿和学习的思路，特别是他 2015 年提出了"新样态学校"建设，更是给我们提供了系统学习的机会和平台。我积极加入，学校成为第一批"新样态学校"实验校。

在课程建设方面，他认为："一事一物皆教育，时时处处有课程。课程是学校最重要的产品，是学校一切工作的物化体现，是一所学校师生能力与水平最有力的证物，是学校的核心竞争力。"他引导我们打造课程新样态，应该"坚守一个信念、形成两种意识、把握三个关键"。

"坚守一个信念"。他强调："新样态课程在强化课程内容的全面性、基础性、均衡性的同时，更加突出课程设置的多样性、差异性、创新性和可选择性，也更能满足学生学习、生活和个性发展的多样化需求，最终指向核心素养的发展。"

"形成两种意识"。一是课程意识，新样态课程基于大课程理念，强调学生的学校生活就是教育或者课程的基本内容，正所谓"一事一物皆教育，时时处处有课程"；二是课程体系意识，要求系统地、整体地、完整地看待所有的学校课程及其相关安排。所谓课程体系，是指在一定的课程理念指导下，将课程的各个构成要素加以排列组合，在动态过程中实现课程目标的系统。从系统论的角度看，课程体系是由众多课程要素有序组合而成的整体。课程体系围绕特定的课程理念逐层展开，涉及课程目标、课程内容、课程功能、课程实施、课程评价和课程管理六大基本要素。其中课程理念起主导作用，从源头上决定了课程体系的新样态。

"把握三个关键"。一是站在"整体育人"的高度来设计课程体系；二是搭建科学合理、充满活力的课程结构；三是努力追寻课程体系建设的价值和意义。

基于这样的一些理论引领，陈所长也给我们提供了很多的案例，让我在校长课程领导力上有了很大的提高。特别是确定了"人人有戏，人人精彩"的育人目标之后，戏剧教育成为学校发展的特色，这令我越来越认识到要想充分发挥教育戏剧的育人功能，需要整体构建学校课程体系，包括学科课程、戏剧课程、活动课程和校本课程，每一类课程都需要以生活化的方式有机整合，从而搭建有戏的整体课程体系。

学校设置了一日课程。

结合陈如平所长的"一事一物皆教育，时时处处有课程"理念和陶行知老先生早先就提出的"教育要通过生活才能发出力量而成为真正的教育"精神。我们结合学生的生活，设置了学生一日课程体系，即一天中设晨起课程、入校微课程、基础课程、午间课程、拓展课程、闲暇课程、就寝课程。

晨起课程是指清晨起床时间在家完成的课程，如按点起床、整理床铺、洗漱、早餐、自己背书包上学等。这一课程的实施由家长组织教学、监督实施和评价记录。

入校微课程是指早晨到校后的晨读课程，内容包含经典诵读（中、英）、演讲展示等，由班主任和班干部组织实施。

基础课程是指学校开设的国家级课程、地方课程，由任课教师进行课程实施、监督和评价。

午间课程是指在学校的中午时间安排的午餐课程、习字课程、午休等，由班主任和语文老师共同组织实施。

拓展课程是指校本课程、社团课程、体育活动等，由专任教师实施教学和评价。

闲暇课程是指放学后的时间和周六、周日休息时间开展的课程。分为自选课程和必选课程：自选课程与家长协商自行安排，如参加社会培训班、特长班或个人爱好自修课程等；必选课程包括自主阅读15分钟以上、看新闻联播10分钟以上、体育锻炼30分钟以上、与家人交流10分钟以上，至少承担一项家务劳动等。对闲暇课程也提出要求：一是每天使用电脑、手机、等电子设备学习及娱乐时间不超30分钟；二是认真完成家庭作业。

就寝课程是指睡前洗脸、刷牙、洗脚和按点睡觉。

这样的一日课程设置，与学生生活紧密结合、由老师和家长共同承担课程的实施与评价，学校印刷了生活教育课程体系家长评价部分的小册子，每天由家长负责记录，每周一把上周的记录让孩子带到学校，由班主任老师在班会课上对学生实施情况进行全面总结与评价。这样的课程实施既有生活教育理念的呈现，更有学生养成良好习惯的实效，对学生成长起到了很好的作用。家长的满意度非常高。

有戏生活课程构建

课程体系的建构令我费尽脑筋，曾有很长一段时间建构不起图谱来听了许多次陈主任的讲座，甚至邀请他专程到学校指点过一次，而我始终没有完全开窍。课程体系的建构成了我大脑中挥之不去的难题，无时无刻不在思虑着它。而让我真正获得思路得益于我区全体校长到北京大学的培训会，北大的一位教授在讲学校文化时，用了图谱的形式。随着他一圈一圈地画图谱，我的课程体系建构的图谱也逐渐清晰。晚上回到宿舍，我又认真琢磨了半宿，一幅生活教育课程体系的图谱呈现在我面前。

随着后期学校"有戏"文化渐渐浮出水面，学校的课程理念也做了相应调整，以"人人有戏，人人精彩"作为课程目标，生活教育课程体系也随之调整为"有戏生活"课程体系，更加突出学生有梦想、有理想、有愿望的多彩生活。

新样态学校教育联盟的成立给我们提供了很好的平台。为加强交流，陈如平所长倡议各学校把课程改革和课程体系构建的成果集中汇总，选出优秀学校的样本编辑成书。经过大家的共同努力，《学校课程新样态》一书出版了。非常幸运，我们学校的《"有戏生活"课程体系的实践与探索》一文，被编进这本书里。

有戏生活课程实施

学校以创造美好生活为宗旨进行课程设置。

学校的课程设置方案，背后反映出来的应该是对学校整体办学理念和办学特色的思考。按照这样的理念，我们不着眼于某一门精品课程的打造，也不着眼于某一门校本课程的再次开发，而是从办学理念开始，逐步进行育人目标的调整、课程门类的整合、课程系统的架构、课程实施的变革。

围绕着生活教育的育人目标，我们进行了相应的课程设置，如健康生活方面，分为体育类、心理类、环境安全类课程；智慧生活方面分为语言文学素养类、逻辑思维类、科技培养类课程；创意生活方面分为戏剧类、综合实践类、生活 DIY 类课程；优雅生活方面分为品德修养类、艺术修养类、闲暇类课程。

按照"时时处处有课程，一事一物皆教育"的理念，我们还将学生的"一日"生活用课程的形式呈现：分为晨起课程、入校微课程、校内基础课程、校内午间课程、校内拓展课程、校内社团课程、校外闲暇课程、就寝课程等。还设计了"一年"生活课程，以年间大型节日为契机，以学校为单位的整体活动，包括固定性活动，即学校每学期在固定时间进行的活动，如入学式、爱智读书节、灵动艺体节、生活体验节、科技创意节、亲子教育节、国际文化节、十周岁礼、毕业礼等。

这样的课程设置突出学生的核心素养，即健康、智慧、优雅、创意。我们在课程实施过程以素养提升为目标，把国家级课程、地方课程、校本课程三级课程有机融合，做到国家课程校本化，校本课程特色化。

1.国家课程校本化实施

我们对国家课程进行整合，突出学生学习兴趣和核心素养的提升。例如语文课的教学，原来老师们每篇课文都精讲，耗时费力，学生学习兴趣不高，阅读能力与作文能力都偏弱。针对这种想象，我们大胆改革，打乱原课文的排列顺序，以文本表达的特点为依据重新进行单元整合，每个单元为 5 课时，第一课时为精读课程，一般以一篇课文为例；第二课时为略读课程，用一课时的时间完成本单元其他课文的学习；第三课时为拓展课程，针对本单元的内容读名家名篇精选，读整本的书，此课时可与课外阅读相结合；第四课时为综合性学习，可进行课内阅读的梳理与整理，讨论运用语文知识解决生活中的问题，举行各种比赛，如书写大赛、诗词大赛，演讲比赛等，也可进行写作的课前观察；第五课时为写作课时。这样的课程改革保证了大量的阅读，增强了学生语言理解能力，发展了学生复杂思维能力。

还有每周数学课单列出 0.5 课时进行逻辑思维训练；科学课单列出 0.5 课时进行七巧科技训练，培养学生思维能力、想象能力、观察能力和动手实践能力；音乐课单列由 0.5 课时为戏剧课程，引导学生感受戏剧魅力，增强自身素质修养；品德课单列出 1 课时为汉字文化教育，引导学生了解中华博大精深的汉字文化。

2. 校本课程特色化实施

每周设置两节校本必修课程，第一节为"爱智生活课"，第二节为"戏剧课"。

生活课旨在培养学生良好的生活习惯和生活技能。以生活教育为主线，以家居生活、家务劳动、家庭美食、家庭美化为内容建立生活技能教育实践体系。通过家庭基本道德准则、礼仪规范、日常的衣食住行等具体家庭事务的学习、实践以及对家庭事务的管理和处理，帮助学生学习掌握日常生活和家庭经营方面的基本知识和技能，树立美好生活的志趣与理想，培养其适应现代生活的良好素养。为此学校也专门建立了"播爱苑"劳动实践基地，让孩子们亲身体会劳动的快乐。

第二节戏剧指导课，即把生活课或生活中的内容用演一演的形式表现由来，并进行戏剧的专业指导。在青岛话剧院专家的指导下，学校编写了校本教材，排练出样本剧，由班主任老师按照学校自主编制的简易校本教材，自行备课、上课。利用样本剧，引导学生进行口语训练、形体训练、舞美设计、道具设计等。孩子们非常喜欢这些校本课程。

3. 社团课程多元化实施

充分利用社会资源，聘请具有高水平专业技能的志愿者与学校教师形成指导团队，利用每周四下午，开设健康类自选课程、智慧类自选课程、优雅类自选课程、创意类自选课程等。具体有游泳、跆拳道、象棋、围棋、足球、羽毛球、手工编织、折纸、健美操、小提琴、电子琴、硬笔书法、趣味英语、韩语、游戏数学、童话故事、剧本创编、剧目表演、摄像剪辑等多项兴趣课程，激发学生的参与积极性，提高学生的学习兴趣和生活品位。

4. 活动课程主题化实施

学校结合传统节日及特设节日有针对性地开展特色活动，如元旦的集体生日会包饺子活动、"春节七天乐"活动、"端午节包粽子"活动、"中秋节，我来做月饼"活动等，还有学校的入学式、爱智读书节、灵动艺体节、生活体验节、科技创意节、亲子教育节、国际文化节、十周岁礼、毕业礼等主题活动。

通过活动的开展，引导和帮助学生养成热爱生活、团结互助的优良品德，培养学生自我管理和相互交往的能力。力争让学生在实践中体验生活，在生活中感受道德，在道德中获得喜悦，在喜悦中感受成功，在成功中享受生活的美好。

有戏生活课程评价

为使课程得到常态有效实施，学校充分运用评价的导向作用和促进作用，开展内容丰富多彩、形式多样、多层次、多类别、全方位的多元评价和过程评价，引导学生追求全面发展。在评价中我们遵循"人人有戏，人人精彩"的理念，既注重教师和学生在实际教学过程中的表现，又关注学生的学习效果。

（一）健康生活课程

健康包括身体健康和心理健康，健康的体魄、积极的生活态度就是衡量健康生活的标准。在课程设计中我们将体育健康、心理健康等列入健康课程，同时将校本课程"爱智生活课"的部分主题纳入。在实施过程中，一方面通过师生的教与学来评价课程的效果；一方面结合《国家体质健康标准》《天泰城学校健康生活标准》来评价学生。

（二）智慧生活课程

遵守国家课程的规范性、权威性、严肃性，开足开齐国家课程，培养学生基础能力、基本技能。在此基础上，以学科特色为主，延展学习领域，丰富学生的学习内容。

基于学生总体发展的共性问题，开设具有学科特点的延展性课程。例如，为了解决学生阅读的量和质方面存在的问题，在学科课程标准精神引领下，开展"主题阅读课"，实施年级阶梯阅读计划，传承经典、兼收并蓄，扩展学生阅读面，深化阅读能力培养。在这类课程评价时实施"等级＋评语"评价和过程性评价。

（三）优雅生活课程

优雅课程以发展学生的个性特长为重点，在课程设置中突出了选择性和学生参与的主动性。学生通过自主选修，参与到课程。学习不仅满足了学生个性发展需求，发展了学生特长，同时让学生学会优雅地生活，幸福健康地成长。在这类评价主要通过《天泰小淑女、小绅士评价准则》的通关测试来完成。

（四）创意生活课程

创意课程以体验探究为重点，以培养学生好奇心和创新精神为重点，多角度开发社会资源，让学生走进社会、走进自然，增长见闻、拓宽视野、增加阅历，体现创新实践性，培养提升学生发现问题、探究问题的能力。这类课程各项活动的展示就是评价的主要内容。

（五）取得初步成效

三年的生活教育课程体系的实施，我们取得了一定的成绩，校本课程"爱智生活课"荣获山东省第二届特色课程评选二等奖，由课程衍生出的课题"生活德育课程体系建构与实践策略研究"立项为山东省"十二五"规划课题、青岛市重大课题，"行孕大德"被评为青岛市十佳德育品牌。更重要的是，孩子们在这个过程中体验到了生活的乐趣，获得了健康幸福的成长。学校也取得了一定的成绩。

1. 学校成为孩子们享受生活的乐园

根据生活教育的办学理念，设计了"天泰十景"即叠水潭、天天小剧场、书馨厅、童趣坊、播爱苑、"123 儿童剧社"、鸟类科普教育基地等，让学生在玩耍中享受快乐，获得知识。这些隐性课程也促进了学生发展。

2. 促进教师专业成长

生活教育的实施，让老师们阅读陶行知教育书籍，实施陶行知教育思想，以"爱满天下"为价值追求，全力提高自己的专业能力。1 名教师成为青岛市优秀教师，1 名教师成为青岛市教学能手，6 位教师成为青岛市青年教师优秀专业人才。

3. 创新课堂教学模式

在进行校本课程实施过程中，老师们探索发现了新的教学方法，即戏剧冲突教学法，把教学重难点设计成冲突点，通过戏剧冲突的解决来帮助解决教学重难点，课堂生动有趣，孩子们非常喜欢。

4. 学生取得丰硕成果

生活教育课程的实施，使学生具有宽广的视野、活跃的思维、独立的思考、审美的眼光与艺术的兴趣，在各级各类比赛中取得了优异成绩。其中，机器人项目在省、市机器人大赛中均获一等奖；舞台剧连年荣获省、市、区一等奖，并参加了全国第五届中小学文艺展演。

5. 学校实现了内涵发展、特色发展

在生活教育课程体系的实施中，进行了"戏融校园，剧演生活"的创新探索，将戏剧与学校文化融合，与课程融合，与课堂教学融合，与学生成长、教师发展融合，成功承办了青岛市"第三届戏剧节闭幕式暨戏剧与学科融合现场会"，并承接了青岛市的教育观摩，时任青岛市教育局局长邓云锋评价说："你们学校的特色已经很明显了。"学校已成为一所远近闻名的"有戏"的学校。

第四章　丰富舞台

——创意精彩，人人成戏

"戏"语

　　基于对生命的敬畏，对事业的挚爱，我始终把爱与责任挑在两肩，负重前行，不敢懈怠。

　　素质教育的核心是面向全体学生，促进学生德智体美劳全面发展；学校的任务是给孩子们创造一个全面发展的环境，搭建一个全面发展的平台。我不是一直在自己的舞台上，演绎着人生的"大戏"吗？那我一定要让我的学校成为孩子们演绎自己精彩人生的大舞台，让孩子们人人成就自我，人人成就"大戏"。

戏剧是一项综合性的艺术表现形式，可以提升人的艺术表现力和美的欣赏力。而"教育戏剧"是一项培养学生综合能力的育人载体，既能培养学生的综合素养，还能促进学生形成完美人格和良好品格，对学校立德树人的教育目标完成起到了极好的促进作用。

一、将教室变成舞台：教育戏剧进课堂

教学的载体是课堂，基点也在课堂。教育教学最终发生在课堂上，课堂是教育改革的主阵地。

《国家中长期教育改革和发展规划纲要(2010—2020年)》明确指出：提高课堂教学质量，突出学生主体地位，探索适应学生身心特征和课程要求的有效教学模式，改进教法、学法，引导学生主动思考、乐于探索、勤于动手，培养学生的学习兴趣、创新思维和实践能力。

教育戏剧是培养学生自主性和创新性的一种全新教育方式，于是大胆尝试将教育戏剧引进课堂。

"教育戏剧"不同于"戏剧教育"。"教育戏剧"是将戏剧引入学校课程。作为教学内容，作为一种便捷而适宜的素质教育手段，"教育戏剧"与艺术院校培养表演专业的"戏剧教育"不同，它着眼的是"人人都有戏剧素养"。如今，美国、澳大利亚、印度等国家和我国台湾、香港地区都已把"教育戏剧"列入法定教育项目，戏剧素养也已被认作一个合格公民所必须具备的一种基本素质。

儿童戏剧是指用语言、肢体、表情等表现形式表现的一种表演形式，设计轻松、愉悦、有情节、有故事性、有理念的表演。简单来说，儿童戏剧就是把书中静态的故事，借舞台、道具、灯光、音乐、场景布置等，由演员在舞台上表演给小朋友欣赏、观看。

戏剧进入课堂有两种形式：一是纯粹的戏剧表演课，二是将戏剧融入学科教学。

戏剧表演与创作课

学校将戏剧表演课作为校本课程，自 2014 年开始，就在全校铺开，每周一节，每周五下午第二节上课。在青岛话剧院专家的指导下，学校编写了校本教材，排练出样本剧，由班主任老师按照学校自主编制的简易校本教材，自行备课、上课，利用样本剧，引导学生进行口语训练、形体训练、舞美设计、道具设计等。学生非常喜欢这样的校本课程。

戏剧表演课开设的初衷，是希望学生能够把日常生活中发生的事能自己编出来，演出来。每个学生都要参与读剧、看剧、编剧、演剧的过程，既提升了艺术素养，又帮助学生学习人际交往和相互合作，让他们的性格更阳光，情感更丰富，道德水准进一步提升。

戏剧表演课有四种模式：一是演技类培训，包括舞台语言、舞台形体、舞台技术、舞台实践等；二是剧本创作即兴表演，教师在课堂上布置相关内容，学生即兴表演；三是在课堂中有意引导学生个人成长相关内容，即孩子与他人、与自然、与社会的沟通模式训练让孩子们认知自我、认知和他人的关系；四是社会关怀相关内容，即社会上经常发生的事件，跟社会相关的议题的认知与辩论，培养孩子们判断是非的能力。戏剧教育的目的不是为了登台，而是以教育为手段，立足于学生的未来。

教师根据学生年龄特点和学校校本教材提供的参考，自行制订教学计划和每节课的教案。

例如，下面是三年级的一学期教学计划。

表 4-1　三年级儿童剧教学计划

序　号	内　　容	实施要求
	三年级的儿童剧教学计划	
1	游戏天地	游戏课
2	观看《夏洛的网》《卖火柴的小女孩》片段	多媒体及前期阅读积累
3	朗读训练——童诗美文大家诵	基础诵读
4	绕口令练习——比比谁的快比比谁的准？	基础诵读
5	表情训练	表演课
6	认识剧本台词	基础课
7	剧本台词练习	基础课
8	你的剧本我来改	评价互动
9	改编课本剧《狐假虎威》	互动表演
10	课本剧交流	交流互动
11	排演课本剧（一）	表演课
12	排演课本剧（二）	表演课
13	观看儿童剧，评价剧情与表演	欣赏课
14	改编课本剧《三袋麦子》（一）	互动表演
15	改编课本剧《三袋麦子》（二）	互动表演
16	排演课本剧（一）	表演课
17	排演课本剧（二）	表演课
18	成果汇报（自由组合，选择本学期排演过的剧目）	展示课

下面选取几个戏剧课的教案，展示如下。

表 4-2　戏剧课教案（一）

教学单元		第一单元戏剧欣赏			班　级	3.1
涉及板块		欣赏类			设计者	林艳
教学规划	课时安排	节　次	分　钟	教学重点		
	5、6节	第一节	40	欣赏舞台剧《玩具的控诉》		
		第二节	40	确立自己喜欢的舞台人物。简单说一说人物特点		
	5、6节	第三节	40	针对一个感兴趣的人物进行组内讨论。合作排		
		第四节	40	练一下练习、把握人物特点及要求		

教学单元	第一单元戏剧欣赏	班　级	3.1
涉及板块	欣赏类	设计者	林艳

教学研究	一、儿童经验 三年级的学生，更多以接受式学习为主，通过舞台剧的欣赏，小组内进行交流，讨论人物的性格特点怎样表现，促进学生感受人物性格特点并进行模仿 二、教法提要 1. 组织学生有目的地去看表演。一边看一边思考 2. 让学生自由表达，说出自己喜欢的人物、这个人物有什么特点、他是怎样表现出来这一性格特点的。关注每个组交流的情况 3. 注重学生的模仿展示
教学准备	教师：提前准备好舞台剧视频

教学活动	学习效果
第一、二节 **戏剧介绍** 儿童话剧是能够调动儿童的语言表达能力、肢体表达能力和丰富的想象力，又有利于儿童全面发展的优秀课程。 它能开拓孩子的视野，挖掘孩子的内心世界，增强孩子的艺术修养。希望通过学习，让孩子爱上这个新兴的艺术门类，在班级形成良好的艺术氛围，培养终身的艺术修养。 **发展活动** （一）观看舞台剧《玩具的控诉》 同学们，请认真观看舞台剧，看看你喜欢的人物是怎样表演的。 组织学生开始观看。 要一边看，一边想。 我喜欢的人物是 ___；因为 ___；他（她）的表演吸引我的地方是 ___ （二）组织讨论 教师组织同学以小组为单位，以自己喜欢的人物为主题进行交流 教师： （1）舞台剧中，你最喜欢哪个人物？ （2）请你把这个人物先在小组里介绍一下吧 （三）集体交流 每个组选一个代表，介绍一下你们刚才交流的人物吧	每个同学都在组内交流，每个组都进行介绍

教学单元	第一单元戏剧欣赏	班　级	3.1
涉及板块	欣赏类	设计者	林艳

第三、四节	能够简单模仿出人物特点进行表演
人物回顾 （一）教师： 上节课我们已经欣赏了《玩具的控诉》，可我们要继续进行人物分析，继续学习优秀演员们的精彩表演。观看某一人物，仔细进行分析，重新有针对性地进行人物分析 **发展活动** 一边观看，一边暂停播放，组织同学进行及时讨论。比如，学习书包的认真、憨厚，豆豆的刁蛮、任性，芭比的可爱、温柔，他们的语言、面部表情、动作，都要恰到好处地体现这些不同的性格特点 **综合活动** 1. 各小组自行排练：要求每个小组自行模仿，排练一下《玩具的控诉》 人物的语言、语调、面部表情、动作等方面，模仿出不同人物的不同性格特点 2. 其他小组当评委，评选出最佳表演组 评委说一说自己评选的标准，要求学生们能够在表演中有所收获。评选最佳模仿秀 **课堂总结** 回家以后把自己喜欢的人物演给家长看看，人物可以选取《玩具的控诉》中的，也可以自己模仿其他人	

表4-3　戏剧课教案（二）

教学课题	分析《皇帝的新装》人物性格特点	年　级	三年级	设计者	彭伟光
		课　时	2		
教学目标		1. 让学生自由表达，关注每个组交流的情况，注重学生的展示与分享 2. 在学习方式上，已经有了探究和合作学习的意识。学生通过小组合作，分享自己的想法和建议，进一步增强合作意识，并促进相互理解			

教学课题	分析《皇帝的新装》人物性格特点	年 级	三年级	设计者	彭伟光
教学重难点		引导学生观察人物,分析人物性格			

教具准备: 1. 基础训练相关 PPT
2.《皇帝的新装》视频

第一课时

教师活动	学生活动	设计意图
导入: (多媒体出示《皇帝的新装》中皇帝穿新装游行一段) 请同学们认真看,看完之后你想知道什么? 哪位同学愿意"效劳",在这一段的基础上,编一个简短的小故事? 大家的想象力真丰富,老师真佩服你们。这就是著名童话作家安徒生的代表作《皇帝的新装》的高潮部分。那么,故事究竟是怎么回事呢?我们一起来听吧! (板书)皇帝的新装、安徒生 一、人物性格特点 小组为单位交流自己所知道的人物性格特点,并将其记录在学习单上 全班内交流都有哪些描写人物性格特点的词语。教师进行总结 二、词语练习 缄默孤独——乐群外向 迟钝、学识浅薄——聪慧、富有才识 情绪激动——情绪稳定 谦逊服从——好强固执 严肃谨慎——轻松兴奋 权宜敷衍——有恒负责 …… 三、依据词语表演 小组合作,根据记录的词语加动作进行表演,全班展示,进行评比	学生读《皇帝的新装》,以小组为单位交流自己所知道的人物性格特点,并把相关内容记录在学习单上 学生写人物性格特点的词语 全班展示	

第二课时		
一、熟读课文内容 个人速读。小组分角色读课文 二、分析人物性格特点 在这场骗局中，都涉及了哪些主要人物。板书相关人物（多媒体出示相应的动画人物形象：皇帝、骗子、老大臣、诚实的官员、小孩）	看、听、思、说、模	此项练习可促进学生寻找角色的生活实感，通过模仿身边熟悉的人使得学生向角色靠拢
分组讨论，确定本小组最关注的人物形象，讨论赏析（多媒体根据学生选择，随机将相应人物图像放大，并精要出示文中相应的描写。根据学生的分析，归纳出人物性格特征。可多角度概括，能揭示皇帝性格即可。 1. 以小组为单位，研究讨论，展示成果，并陈述理由。讨论，发表自己的见解 2. 先以小组为单位，讨论赏析，然后展示赏析成果（展示成果时，以角色朗读为载体） 3. 分小组讨论，得出结论 三、表演 学生以小组为单位，任选一个角色，将此角色的性格特点记录在学习单上，并且将人物的性格特点表演出来。请每个小组在班内进行展示，全班做出评价	学生想一想，说一说	此项训练可帮助教师更合理地分配角色，同时让学生自己认识自己
课后记		

表4-4 戏剧教案（三）

教学单元	第六单元 服装、道具和化妆		班　级	4.1
涉及板块	时间类		设计者	张晓婷
教学规划	星期	节　次	分钟	教学重点
	5、6节	第一节	40	讲授制作表演道具和表演服装的方法介绍舞台妆及画法
		第二节	40	
教学研究	一、儿童经验 四年级的学生，已经有很强的动手制作能力和学习能力，可以通过学习理解表演道具和服装的制作，并且根据介绍简单地操作 二、教法提要 组织学生小组讨论交流 让学生自由制作自己喜欢的道具和服装，关注每个组交流制作的情况（注重学生的展示）			

做有「戏」的校长

教学准备	教师： 提前准备好教学课件
	学生： 提前准备好简单的化妆用具

教学活动	教学资源	学习效果
（第5节）第一节 一、导入新课 结合欣赏各种体现道具、服装特点的文艺活动的图片、影视资料、实物等，认识道具、服装的特点和作用。分小组设计道具、服装 二、讲授知识 1.结合学生的设计，引导学生认识特定内容对道具、服装的要求和影响，学习运用归纳、对比、夸张等修改设计 2.讲解制作道具、服装的相关技法，分工制作零部件，合成 3.收拾与整理：教师从设计特点、制作特点等不同的方面，分别点评部分同学的作业 4.修改、加工、完成 三、拓展 可以将使用完的道具、服装进行再加工，制作成装饰品，美化环境 四、小结 总结本课知识点，鼓励学生积极表现	课件	每个同学都在组内交流意见，每个组都进行介绍
第二节 一、导入新课 小组讨论什么是化妆，为什么化妆 二、讲授知识 化妆的分类： （一）生活妆 （二）表演妆：本色化妆 角色化妆 三、儿童舞台妆画法教学 （一）介绍舞台妆的工具/原料 化妆品：1.普通乳液；2.粉底（粉底液和粉饼任选一种）；3.眉笔；4.眼影；5.唇彩；7.腮红 工具：海绵（上粉底用的）、粉扑、眼影刷、腮红刷 （二）介绍舞台剧的步骤/方法 在给孩子化妆之前，首先要将孩子的脸洗干净。最好先使用毛巾温水洗脸，擦干（最好不用冷水，防止皮肤收缩）。洗完脸后，将孩子的头发扎起，让整个额头及脸部没有头发遮挡（女生），男生可以省略此步骤打底、铺粉底、眉毛的画法、画眼影、涂腮红、画嘴唇、做发型 四、在小组内推选一名模特，小组成员对其化妆 五、模特妆容展示	学生进行学习，然后实践	能够简单对人物进行舞台化妆

表4-5 戏剧课教学方案（四）

教学单元	第七单元音乐合成		班　级		4.3
涉及板块	欣赏类		设计者		史卫峰
教学规划	星期五	节　次	分　钟	教学重点	
	5、6节	第一节	40	欣赏准备好的音乐剪辑音乐，合成	
		第二节	40		

教学研究	一、儿童经验 四年级的学生，有了一定的音乐感知能力，能够选取自己喜欢的轻音乐，根据剧情选择合适的配乐。 二、教法提要 组织学生有目的地去欣赏音乐。一边听，一边思考； 让学生自由表达，自己喜欢的这段音乐，这段音乐符合剧情发展的需求； 注重学生的欣赏角度
教学准备	教师：提前准备好选取的音乐素材

教学活动	教学资源	学习效果
音乐介绍： 在课本剧中，音乐所起的作用很大，它有配合演员表演、剧情发展、规定情景的效果。在表演中，小到人物模仿，大到一个完整的话剧都需要或多或少地加入音乐效果。音乐效果便起到了调味剂的作用 （一）欣赏学生带来的音乐 同学们，请你认真欣赏每段音乐，看哪段音乐符合剧情的发展。组织学生开始欣赏。鼓励学生一边听，一边想 我喜欢的音乐___；我喜欢___；因为___；它吸引我的地方是___；	个人学习单	每个同学都在组内发表见解，相互交流，每个组都进行介绍
（二）组织讨论 教师组织同学以小组为单位，交流自己喜欢的音乐 教师： （1）每段剧情需要哪段音乐？ （2）请你简单地说明理由 （三）集体交流 每个组选一个代表，介绍一下刚才交流的音乐	个人学习单	每个同学都在组内发表见解，相互交流，每个组都进行介绍

（三）儿童剧课程的评价

儿童剧课程的评价，对儿童剧教学起着重要的导向和质量监控作用，包括评价维度、评价方式、评价主体（教师、学生、家长评），关乎课程目标能否实现。儿童剧课程评价的目的不是选拔具有艺术天分的学生，而是促成一种适合儿童的艺术教育模式；儿童剧课程不是对学生进行鉴定、甄别、选拔，而是对学生在感知、体验、表演、创造、评价等方面能力的发展进行整体评价，以发展的眼光评价学生是儿童剧评价的核心。

1. 日常评价（占 60%）

（1）教师评价

学生上课的精神状态、回答问题的表现，教师要及时地给予具体、恰如其分的评价，并且要让学生知道哪个地方好，哪个地方需要改进。

（2）自己评价

学生朗诵、表演、创编后说说自己的感受，促使学生保持对儿童剧的兴趣，体会朗诵、表演、创编的乐趣。

（3）同伴互评

欣赏了表演或听取他人发言后，学生畅所欲言，在互评中提高能力。

2. 综合评价（占 40%），根据学习内容进行调整、评价，分为优秀、良好、合格三个等级。

表4-6　综合评价表

姓名	语言（朗诵）			表演				创编			等级
	正确流利	语音语调	感情得当	表演投入	声情并茂	道具恰当	形象生动	主题鲜明	情节突出	合作分工	

评价方法：形成性评价（观察法、师生对话法）、终结性评价（成果展示、评价报告单、综合活动测评法）

以上各种形式的评价，教师应该既充分肯定学生的进步和成绩，又要找出学生在学习中的问题和不足及改进方法，以促进学生的发展。

戏剧与学科教学融合

将戏剧融入教学，起源于法国思想家卢梭的两个教育理念："在实践中学习"和"在戏剧实践中学习"。正是这两个教育理念，开启了戏剧教育的先河。后来美国教育思想家杜威提出"装扮、游戏、模拟"等戏剧技巧，都可以被运用到教学之中。20世纪20年代，受到杜威等教育先驱关于教育实践应该与学生的社会生活经验紧密相连的教育理念的影响，许多西方教育工作者将戏剧这种艺术形式融于普通教育之中，教育戏剧得以最终确立。陶行知先生也特别推崇戏剧教育，在晓庄师范学校成立剧社，并亲自参加节目的排演。我校在实施陶行知生活教育思想时，重视体验式教学，为戏剧融于课堂奠定了基础。

较之将舞台变作教室，通过高强度训练打造出优秀剧目，我更希望将教室变成舞台，用表演的方式帮助孩子解决成长中所面对的实际问题。教育戏剧是用戏剧方法与戏剧元素应用在教学或社会文化活动中，让学习对象在戏剧时间中达到学习目标和目的。在体验式教学中，我慢慢发现将戏剧课上的教学方法用在其他学科中起到了非常好的教学效果，于是我带领全校教师共同探索"有戏课堂教学模式"和"戏剧冲突教学法"。

"冲突导学、游戏建构"的有戏课堂教学模式共分为5步。

第一步：冲突引领。教师在课堂预设环节，根据教学的重难点，有意识地设置一个小情景剧或者小游戏，让教学的知识点成为情景剧的矛盾冲突点。在这个冲突点的引领下，引起学生的兴趣，启发学生思考。

第二步：多重追问。在冲突引领下，教师让学生发现问题，提出问题。如果学生提问不到位，教师可以追问，并启发学生再思考。

第三步：合作探究。在师生多重追问下，学生在小组内合作探究，自行解决问题。

第四步：引导争辩。小组汇报学习成果，教师引导学生从不同角度思考问题，启发学生发表自己的观点，形成课堂争辩，在争辩中深刻理解重难点、知识点。

第五步：回归生活。让孩子们解决现实生活中的实际问题。

在冲突引领、多重追问、合作探究、引导争辩、回归生活的课堂模式中，每一步都有相应的戏剧教学的教学策略，教师在课堂教学的过程中将戏剧与剧场的技巧放置在不同阶段灵活运用，教学效果出奇的好。

1. 教师入戏

在冲突引领环节，教师扮演某个特定角色，带领学生进入课文中或某种情境中，引发学生思考，从而加快学生在心理上进入"这就是真实"的体验，加深学习活动探索的效果。

2. 画面定格

学生运用肢体形态，集体复制一个画面，从中具体呈现生活及事件。学生可以复制照片或绘本的画面，可以按文本说明创造面貌，也可以通过互动集体讨论共同创造画面，或即兴运用身体投入创造一个场景的定格影像。例如语文课文《丰碑》中军需处长被冻死的情景，就可以用画面定格的模式，让全班学生扮演军需处长，定格在那个画面，从而体会军需处长的精神。

3. 思路追踪

在多重追问环节，可以运用思路追踪的办法。思路追踪是一种在扮演或定格时向角色提问的手法，通过有启发性的问题引出扮演者角色的观点和立场，从而使参加者更了解角色的心理、动机及思想，借此扩展戏剧发展的路线，使内容更丰富、更有趣，从而让整个戏剧活动发展至更深层次。

4. 角色扮演

学生投入别人的角色世界中，在模拟过程中经历生活，体验社会与生活环境，从角色的形态、内心世界反观自我、认识自我和体验自我。

5. "专家外衣"

以专业人士的身份进行角色扮演活动，通过专业人士的服装，引导学生进入角色，运用角色应有的知识、技能发掘问题、解决困难、寻求解决方案。目的是使学生能以专注、理性和认真的态度进行角色扮演活动，加深对社会人物的认识并达到自我实现的目标。专家外衣也是一个教师入戏的强有力手段，通过医生、考古学家、科学家、警官等身份进行更有效果的询问及探索行动。

6. 角色探索

以童话故事中的配角为范本，建立他们的角色性格并以他们为主角，创作新的故事片段。将角色画在黑板或纸上，每个人看到此画后，在教师的引导下扮演角色的行为片段，塑造角色的性格。

7. 角色互换

在戏剧表演中，有"替身"的方法。"替身"是戏剧扮演的训练技巧，是舞台表演的手法；"替身"与"主角"同时出现或交替出现，"替身"使用"主角"的"我"为身份去描述"主角"的感受，"替身"是"主角"的一部分，也是潜藏在"主角"里面的内心世界。"替身"也可以是一种"表演手法"，由两人同演一角，使角色的内部冲突显现出来。这是激发自我认识的小组活动，需要有"角色扮演""角色交换的训练"做预备，在合作探究环节往往用得到。

8. 论坛剧场

在表演过程中通过重演事件的手法，演员通过"出戏"的间离效果引领现场观众替代演员的身份，参与讨论后重新投入扮演角色的一连串反复互动的行动，因此产生不同版本及不同结论。教师必须在论坛剧场一开始就引起所有参加者对题材的共鸣，并进一步建立对命题及剧情的反应情绪，然后使参加者拥有尝试改变现状的动机，为临场创造铺垫。论坛剧场的角色要能反映大部分观众的共同点，使他们内心有"似我近我，但不是我"的感觉。

这种论坛的形式可以运用在引导争辩和回归生活环节。学生在教师创造的情境中发表自己的观点，并能运用到自己的生活中。

"戏剧冲突教学法"的提炼与使用

文科类课程与戏剧进行融合，有着先天的优势，方式也多种多样。最简单的形式就是分角色朗读；也可以将课文或所学内容直接改编成剧本，进行表演。从学习内容中提炼成剧本，到台词的熟记，甚至每句话的语气、语调、表情都要不断地打磨。如果学习内容是一篇课文的话，那么学生在能将其用戏剧形式表演出来的时候，早已将文章内容熟记于心并理解透彻。

理科类课程与戏剧进行融合则难度较大，因为教学内容本身并不能提供故事素材。那么，如何创编故事或剧本，将知识点巧妙地融入剧中，则成为戏剧与理科融合的最大难点。但不可否认的是戏剧元素对学生理解抽象的理科知识点有巨大帮助。所以在实践过程中创立了戏剧冲突教学法。

1. 创立"戏剧冲突教学法"

戏剧冲突，是指表现人与人之间矛盾关系、人的内心矛盾的特殊艺术形式，也是戏剧中矛盾产生、发展、解决的过程。

在戏剧理论中，很多人曾在不同程度上强调戏剧冲突在戏剧作品中的地位和作用。如伏尔泰认为，每一场戏必须表现一次争斗；黑格尔把"冲突"看作戏剧的"中心问题"；法国戏剧理论家布伦退尔，则明确把"冲突"作为戏剧的本质特征；在中国戏剧理论中长时间流行一种说法：没有冲突就没有戏剧。

从戏剧冲突入手，寻求戏剧与学科融合的普遍方法，我称之为"戏剧冲突教学法"，即将学科的知识点与戏剧的冲突点或矛盾点结合起来，并通过冲突或矛盾的解决达到理解和掌握知识点的目的。目前这种教学法已经作为课题进行校内研究。

2. 运用"戏剧冲突教学法"

"戏剧冲突教学法"重视学生的自主探究学习和合作交流。课前要求学生对所学内容进行预习，并能绘制出导学图。教师要充分熟悉教材，找出重难点，创设故事情境并预设出戏剧中的冲突点或矛盾点。课中教师根据课堂需要，指导学生将戏剧表演出来，通过剧中冲突的解决，来加强知识点的理解和掌握。

举一个数学课中小剧的例子。这个小剧的冲突点在于，其他图形认为和长方形是亲戚，而长方形不这么认为。通过其他图形的解释，长方形改变了自己的看法。从剧的角度，冲突得到了解决；从知识的角度，理清了长方形与多边形的关系。这是戏剧与数学学科融合的一个巧妙案例。

3. 效果与反思

在使用此教学法的过程中，对于设计好的冲突点和矛盾点，学生掌握得非常好，而缺乏冲突或弱化冲突都将使戏剧与学科融合变得生硬，无法引起学生演剧和观剧的兴趣。再来看一个科学课上的小剧，这个小剧所承载的知识点很明显，就是"声波传入耳朵时鼓膜的作用"。但是，剧中几位小演员形象地表演出了声波进入耳朵时，鼓膜的震动过程只起到了形象化的作用，没有将知识点突出出来。再看这个小剧的另一版，这一版中出现了强烈的戏剧冲突，具体表现为鼓膜的罢工与声波传递中断之间的矛盾。通过矛盾的解决，突出了鼓膜在声波传递中不可替代的作用。同样的两个故事情境，有冲突和无冲突得到的是截然不同的效果。可见这一教学法对于学生掌握知识的程度起到了非常好的促进作用。

授课既需要一部分表演技巧的训练，更需要老师对儿童心理的了解和各种教育理念的融会贯通。比如，在一堂习惯养成的品德课上讲到"整洁"这个词时，老师给孩子们设定一个"书包和各种文具一起抱怨主人"的场景，让学生自由扮演不同的文具，有人扮演书包，有人扮演课本，有人扮演铅笔等。通过抱怨主人的书包乱糟糟，集体罢工，让主人意识到自己的错误，再结合孩子们在表演时的内心感受，鲜明而生动地告诉孩子"整洁"的好处，这显然比苦口婆心的说教更容易让孩子接受。

再例如，在一堂"认识三角形边与边关系"的数学课上，老师将数学模型转化成形象生动的情景剧"警察抓小偷"。学生在角色扮演的过程中，通过探索快速抓获小偷的方法，轻松发现了"两边之和大于第三边"的定理。这样的课堂上不仅欢声笑语不断，老师与同学、同学与同学之间的互动都主动而又自然地进行着，课堂面貌发生了巨大转变。

当然"戏剧冲突教学法"，作为一个课题在校内研究还处于一个起步的阶段，后期将不断地探究出更好的方式与思路，让戏剧与学科融合得能够更巧妙，更自然，更有成效。

我的设想是将戏剧融入所有的学科教学中，音乐课、语文课、英语课、数学课、体育课、科学课等都可以融入戏剧元素和"戏剧冲突教学法"。

将戏剧引进学校课程，作为教学内容，是因为教育戏剧是一种便捷而适宜的素质教育手段，它的目标是"人人都有戏剧素养"。"儿童戏剧"可以培养孩子的观察能力、理解能力、想象能力，提高语言表达能力、形体表达能力；可以帮助孩子们学习人际交往和相互合作；

可以让他们的性格更阳光，情感更丰富多彩，道德水准得到提升。

案例与心得分享

案例：在语文课及语文综合实践活动中的使用

"其实，语文课上学生根据课文来进行角色扮演，就属于戏剧教育的一个环节。只不过戏剧教育是非常复杂的，其中各个环节的实施也有很多理论和方法。"李婴宁说，戏剧教育会使学生对戏剧的各个要素有一定的了解，但更注重的是教育过程，学生表演的好与坏其实是不重要的。

在语文学科中加大戏剧教育元素的融合，除了在课文的理解中实施外，还要在语文综合实践活动中重点强调，全校实施。青岛市城阳区教研室语文教研员对我提出的这种做法非常认可，举行了全区语文综合实践活动现场会，除主会场一节课的展示，之后全校所有班级开放，供全区的语文教师学习。教研室林志华老师在总结会上大力推广我校的做法。

附：王震老师在主会场上展示《不同人物不同语言》教案（节选）

教学目标：通过模仿电影《疯狂动物城》中的不同人物，体会不同的语言特点。

教学过程如下。

（一）课前热身

师：仔细听，老师说的这句话表达的是什么心情？

"妈妈，明天我们又要去春游了！"分别用不同的语气让学生感受高兴、无奈、惊讶。

师：孩子们，你们看，语言是表达人们心情的最基本、最直接的方式。同样的，在戏剧表演中不同的人物也有不同的语言特点。

引入新课。

那今天这节课，我们就要通过模仿电影《疯狂动物城》中的动物来体会不同的语言特点。

师：上节课老师布置你们回家观看这部动画片，谁能来讲一讲这个故事？（由一个孩子起来概括。）

师：讲得好吗？你们有自己喜欢的动物吗？谁来演一演，我们来猜一猜。（由学生表演不同的动物，学生来猜，教师做及时的点评。）

（三）授课过程

1. 师总结引入：你们演得很好，观察得也很仔细。我最喜欢的动物就是兔子朱迪，因为不管在多么困难的情况下它都可以坚强面对。它说话的速度特别快，那剧中还有一个人物和它的说话速度形成了巨大反差，它就是树懒。它们在剧中有一段特别精彩的对话，我们先来看一下。（播放视频。）

2. 教师"入戏"：老师特别想为朱迪配音，谁能来和老师配合一下？

3. 学生模仿：选两个组的孩子进行配音。

4. 情境再现：

师：配音配好了，我们再来个情景再现吧！现在分小组表演一下这个场景，5分钟后我们来汇报演出。

5. 学生汇报演出：表演完后让孩子进行评价。

6. 投票选出最佳小演员。

（四）课堂总结

师：孩子们你看，不同的人物有不同的语言特点，我们要认真揣摩他们的语言，这样才能帮助我们更好地把握他们的性格特点。下一次戏剧课，我们再来展开朱迪到警察局报道的桥段。希望同学们能够认真揣摩人物语言，争取把今天的小组"PK掉"。你们有信心吗？

在这节语文综合实践活动课中，教师依托学生喜欢的电影《疯狂动物城》中的片段，让学生模仿剧中的角色，体会通过人物语言领会人物性格。学生非常喜欢，整节课情绪高涨，相信会留下深刻的印象。

将语文综合性学习与学校的戏剧特色紧密结合：语文教材与戏剧表演结合，文本与剧本结合，写作与表演结合，以此深化语文综合性学习的内涵，丰富学生的语文学习生活，达到全面提高学生语文综合素养的目标。

心得：戏剧在小学语文课堂教学中的应用（栾晓艺老师的分享）

戏剧自古至今都是人们所喜欢的艺术表现形式。它是由演员将某个故事或情境，以对话、歌唱或动作等方式表演出来的艺术。语文的学习多是通过故事情节、人物描写来解读文章，体悟情感，因此两者之间有诸多的相同之处，运用戏剧进行语文教学是必行之法。

我们学校以戏剧为特色，秉承"人人有戏，人人精彩"的教学理念，我的语文课堂也必然是"有戏"的别样课堂。

1. 激发学生兴趣

传统的语文课堂教学模式往往是教师在课堂上讲得"津津有味"，学生在台下听得昏昏欲睡；语言学习枯燥乏味，课堂气氛死气沉沉。戏剧冲突教学法的推行使学生彻底摆脱了学习的羁绊，上课时教师将本节课需要解决的重要问题抛给学生，引起学生认知上的冲突。由于这种冲突的引领，学生由被动地接受知识到主动地去猎取知识，由学习的奴隶成为学习的主人，随后将这一冲突通过戏剧表演的形式解决。在准备表演的过程中，学生自然而然地可以把握人物的情感，从而理解文章的内容。通过戏剧冲突教学，学生不再把学习语文当作负担，而是当作种自觉追求和艺术享受。

2. 加深学生对课文的理解

在教《寻隐者不遇》古诗时，学生理解了表层诗意，却不能体会诗人的心理变化，于是我便扮演诗人，叫一位学生扮演童子，采用一问一答的形式展开。我去寻找深山里的朋友，与童子相遇。我以诗人的口吻向学生提了三个问题："你师父干什么去了？""他在哪儿采药了？""你能找到他吗？"在问的过程中我的语气、表情及其夸张。学生在我的影响下也进入了情景，很自然地就体会到诗人情感上的变化。孩子们也纷纷想要表演。经过两轮的表演，学生不仅理解了诗意，更深刻地体会到诗人的情感变化。一首短小精悍的古诗演变成了一个情节完整、口语化很强的故事了。这样学习古诗灵活易懂，情趣盎然。

3. 提高学生的分析与肢体表达能力

在讲授《林冲棒打洪教头》的过程中，我从分析人物的性格特点入手，先让学生自读课文体会林冲和洪教头的人物个性，然后再让学生通过细品课文，抓住人物的动作、神态、语言的描写，挖掘出他们不同的内心世界。在学生对课文、人物有了一定了解的基础上，为了吸引他们的兴趣，我让学生担当导演角色，通过小组合作，将林冲到达柴进庄后的情形描述并表演出来。首先是对人物的分析，学生说："林冲是个英雄，应该很魁梧，而且人很正直，虽然戴着枷锁，但人不会掩盖住他的正气。"还有的学生说："林冲非常有礼貌，即使在洪教头如此无理的情况下仍然很冷静有礼。而且他很沉着冷静，武艺高强。"英雄的形象很好找，唯一不容易把握的倒是反面人物洪教头。他如何打扮呢？学生们说："是一个傲慢无礼的家伙，自以为是，而且出口伤人。"还有的说："从外表看都不是什么好人！你看他来的时候挺着胸脯自以为是，而且歪戴着头巾肯定是个粗俗的人。""很贪财，而且心浮气躁，结果失败后被人耻笑。"我问孩子们为什么如此设计两人时，同学们将课文和自己的见解结合在一起，每个人的答案都很精彩。表演前每个小组都写下了自己的剧本认真排练。在表演这一段时，让我印象最为深刻便是冯子康。为了使自己的形象和书中描绘洪教头形象相符，他头戴红领巾，撇着嘴，大摇大摆地走到讲台中间，踮着二郎腿，还不时地颠两下，粗声粗气地呼着鼻子，真是把人物特点表现得淋漓尽致。他的表演将整节课的气氛推向了高潮。

小小的课文片段既锻炼了学生的分析、习作与肢体表达能力，又提高了学生的综合素质，更让语文教师能熟练地驾驭课堂教学，高效地完成教学任务。

4. 发挥学生特长，全员参与

每个学生都有各自不同的爱好、性格、能力，当然也有着不同的发展目标。正因为如此，戏剧这种对学生能力要求较多的活动形式能发挥其特长补足其短板。能写的编剧本，能想的当导演，能演的当演员，能画的设计背景，实在什么都不擅长的就去当观众、评委。只要教师能够组织得当，引导得法，那么每个学生都可以得到多方面的发展。在戏剧的编、排、演构成中，学生不知不觉增强了自己的各种能力，我们的语文教学也变得更加愉快而高效了。

心得：戏剧冲突教学法在数学课上的应用有感（史卫峰老师谈数学课与戏剧教育融合）

谈到戏剧一词，似乎与语文等文科有直接的关系，如表演课本剧、情景剧，有好多可用的素材，好像与数学扯不到关系。但随着今年我校在各个学科普及戏剧冲突教学法以来，实践证明数学也是可以应用戏剧冲突教学的。史老师也在课堂上开始使用，其中在对"过直线外一点的所有线段中，垂线段最短"的应用印象最为深刻。

我设置了以下教学情境。

4只小蜜蜂要去参加采蜜比赛。大家排成一行，正前方是一个大花坛。裁判员哨声开始，小蜜蜂开始飞行，看谁采到的蜜最多。这时，一只小蜜蜂提出异议，说是中间正对花坛的小蜜蜂离着最近，其他三只小蜜蜂离得相对远一些，要求重新修订比赛方案。

最终经过小蜜蜂们的研究决定，大家都围在花坛四周，以花坛为圆心，这样小蜜蜂离花坛的距离都相等，比赛也就公平了。

在这个戏剧表演中，每只小蜜蜂、花、裁判都由剧社成员担任表演，我给学生提供故事的剧本，学生们自行排练，头饰自备。在课上表演之时，学生表现出浓厚的兴趣，不仅参加表演的学生受益，观看的学生也看出端倪，能够把它们的位置画出图，分析比赛的弊端。

这是一个数学知识应用于生活的鲜活例子，给学生提供了一个表演的平台，能培养学生把知识由直观变为抽象，再由抽象变为具体，实现数学的几何直观、数形结合等思想。

这样的一个个小剧潜移默化地培养了学生的综合素质，使数学课也不再枯燥，变得生动。我也在"相遇问题""认识多边形""小数的认识"等数学课中陆续使用戏剧冲突教学法。虽然在数学课上的使用仍存在一定的局限性，但只要我们善于动脑，勤于思考，以学生为本，以提高学生的素质为出发点，就能使数学课也与众不同，令人耳目一新。

二、以戏剧拓展教育：落实立德树人

"戏剧是一种综合艺术，不管是舞台戏剧还是教育戏剧，对孩子都是有好处的。戏剧不是教表演，而是体现人格塑造的过程。""中国教育戏剧第一人"李婴宁如是说。

李婴宁认为传统的教育是灌输式的，"这压抑了一部分学生。而教育戏剧不同于灌输式教育，教育戏剧的主体是学生，不是老师，所以要把学生看成独立个体，其实小孩子的创造力非常强。未来的社会需要的更多是有想象力和创造力人才"。

李婴宁解释说，教育戏剧并不是培养孩子们的表演技巧，而是把戏剧作为一种教育工具。"通过教育戏剧实施的过程，激发孩子的想象力、表现力，从而达到人格塑造的目的。"西方的教育家卢梭也讲过"在做中学"。"我们现在的教育种被动的、死记的东西太多，而戏剧就是个大游戏，在游戏中学习是轻松的，孩子会学得更清楚，因为是他亲身经历的，动脑子去想的，这样他会记一生。"

为学生终生发展奠基，培养社会公民

2000 年国家颁布的《义务教育国家艺术课程标准》中提道：基础教育阶段的艺术课程日益走向综合，不仅音乐和美术交叉融合，戏剧、舞蹈、影视等也进入艺术课堂。

2015 年国务院颁布的《关于全面加强和落实学校美育发展的意见》中也指出：学校美育课程主要包括音乐、美术、舞蹈、戏剧、戏曲、影视等。义务教育阶段学校在开设音乐、美术课程的基础上，有条件的要增设舞蹈、戏剧、戏曲等地方课程。

作为一项包含文字、表演、音乐、美术、舞蹈的综合的艺术形式，教育戏剧在学校的教育效果非常突出。读剧、看剧、编剧、演剧的过程潜移默化地影响学生，使学生的综合素质得以全面提高，形成健康心态，发展完美人格，构建多元潜能。教育戏剧能更好地落实立德树人。

其实戏剧与教育自古以来就有着千丝万缕的联系。我国古代的"六艺"中，也包含着戏剧教育的元素。在西方，"教育戏剧"理论被公认为对于儿童的启发和学习有着极佳的效果。儿童戏剧至少有 5 种价值，分别是娱乐、心灵的成长、教育的发展、美学的欣赏及未来观众的培养。

未来社会需要的是综合型人才，而戏剧教育就是培养未来社会公民的有效载体。戏剧重要的是阅读文本，从直观的文字转移到大脑中的形象。无论是莎士比亚的戏剧还是现在的哈利·波特，无论是要表演的剧本还是要创编的剧本，都首先需要阅读。而阅读对学生一生的成长是至关重要的，如果学生能静静地阅读这些文本，与文字一起，与自己的内心一起，享受独处的快乐，并一以贯之，长期坚持，那将终身受益。学生读剧、看剧的过程就是培养学生的阅读等能力。创造性是教育戏剧的重要体现。

学生表演的过程就是体验的过程。在剧中面临各种矛盾、冲突、问题时如何应变？它正是通过学生在戏剧扮演中尝试各种解决办法，促使学生在"演戏"中思考人与人、人与社会、人与自然的各种关系和问题，从而丰富了学生的各种经验。同时，在这体验中培养学生的批判性思考和创造性表达。

戏剧是要在舞台上展示的，那就是一种沟通和分享。一个故事里面，一个任务里面，都是要合作完成的，是需要沟通和交流的。台上的表演每一个字，每一种体验都传递给下面的观众，观众用掌声的回应也是一种分享，滋养了台上、台下所有的人。在这分享中孩子们学习到在未来社会所需要的合作共赢等能力。

我校的戏剧教育力求通过教育戏剧使学生具有丰沛的内心和智慧的头脑；在教育的过程中重视学生的体验和感受，让学生通过演一演的方式主动参与知识的建构。将学科知识的学习与生活和戏剧元素相衔接，丰富学科教学形式；激发学生的学习兴趣，提高了课堂教学效率，促进了学生人文素养和道德情感的发展；通过参与戏剧创作与表演，学生享受美的教育，在戏剧教育的过程中，学会与同学、老师合作，锻炼意志，促进人格的全面发展，为终生发展奠基。

增强学生审美力，形成良好的品格

剧场即教室，舞台即人生。戏剧"来源于生活，高于生活"，这种综合艺术形式的教育是美育的重要领域。戏剧首先带给学生的是一种愉悦的艺术体验。扮演角色时，学生既能学习表演的技能，又能借此感受不同的人生。在特定的情景下，学生设身处地地"沉浸"其中，往往比家长老师的耳提面命更能引起学生的共鸣。

戏剧给予的启发，远不止"演"这么简单。除了角色扮演、戏剧游戏、剧本创作、团队协作、情景体验等环节能从各个方面提升学生的能力。其实，绝大部分学生最后都不会走上专业的戏剧表演道路，但这个过程中学习到的美好的品质会伴随他们的一生。"美"的种子也一定会种在他们的心里。

一个剧目就是一个生动的德育素材，学生参演过程就是自我教育的心路历程，有位老师跟我分享了一个戏剧育人的鲜活案例。

有一年遇到这么一个小困难，因为每一个学生都想登台光荣"绽放"。但是有个特殊孩子，走起路来一瘸一拐，还不能站立太长。当时我就关注到这一点。和孩子们商量，咱们应该怎样做呢？孩子们纷纷表示要满足这个孩子的愿望，"她歌声那么美妙，我们愿意当她的绿叶"。后来，我就跟孩子们一起想着，为这个女孩做一个月亮船。有个孩子从家里拿来了小时候的婴儿床，装扮成一辆漂亮的月亮船，这不是一只普普通通的小船，它装载的是孩子们对这个女孩的爱。于是在演出当天，就请这个女孩子坐在"月亮船"里，簇拥着她来到舞台中央。很多人都欣赏到了她美妙的歌声。"原来站在舞台上的感觉是这样美好，谢谢老师和同学们为我付出的一切，大家都要相信每个人都可以绽放最好的自己。"此时此刻，展现在人们面前的一定是一个阳光而又自信的女孩，最后我和孩子们一起将这个剧目命名为《一个也不能少》。那带给我们全体同学的是什么？我觉得带给全体同学的是一种包容和对他人的关爱。那对于这个女孩子呢？是一种她对未来美好人生的憧憬和向往。我也相信将来这个女孩子，一定会带着这份自信与荣耀，去站上人生的大舞台。

我想大家都被这个故事感动了，德育"无痕"最"留痕"，戏剧的"润物细无声"给孩子的人生铺上了一层向上而又温暖的底色。

戏剧教育的核心精神是，学生直接或间接地参与戏剧教育的过程，也是道德教育的过程。戏剧教育的核心精神也是合作精神。学生在戏剧教育的过程中，学会与同学、老师合作，发展自己的社会交往能力、组织能力、领导能力、与人团结合作等能力，以戏剧教育的艺术形式锻炼学生顽强的意志，促进学生人格的全面发展。

著名作家王尔德说，使孩子品行好的最佳方法是让他们愉悦。一个人在愉悦的状态下，才能接受各种各样的规范和教育。毫无疑问，戏剧就是令孩子们最愉悦的学习方式。

感知自我成长，认识社会，感受自然

台湾艺术大学张晓华教授说："在戏剧中，孩子扮演别人的人生，经历某些事，他会明白不同的选择导致的结果不同，他因此会思考'如果是我，我会怎么样'，而这被证明对孩子的心智成长是非常有利的。"

我的希望是学生能更多地拥有自己，而不是成年人告知；我更希望学生能自己去寻找答案，当他们遇到问题的时候，有可能去预判接下来会出现什么，这时需要一个创造性的大脑。教育戏剧正是一种让儿童参与到真实人类经验中的学习方式。这种体验是关乎学生自身的，它运用故事制造这种经验。戏剧既发生在舞台上，也处在参与者的想象中。这是一种有目的、有趣及复杂的学习方式。戏剧创造一个虚拟的境遇，通过做与真实生活中一样的决定，让学生行动其中。这种意义深远的学习可以让学生认识自己和他们生活的世界。

戏剧亲切、生动、活泼、有趣的方式极容易让学生接受。戏剧活动的进行有助于学生情绪的疏通与自我的展现。学生可以释放平常积存已久的来自内外的压力，并可以在活动中实现平常所被禁止的童趣行为或天马行空的梦想，进而由此获得心理上的平衡，逐渐肯定自我。儿童戏剧表演活动本身具有群体性。学生必须学着与人协调、相互尊重，并且适时地表达自己，具备合作精神，才能使活动圆满完成，有助于群体生活与默契的培养。它作为促进儿童发展的手段，对学生的认知、社会适应性和情感等心理的健康发展有其特有的教育作用。

从课堂角色来看，儿童戏剧表演最大的好处就是以学生为中心，可以通过儿童剧唤醒他们内心深处被忽视的部分。例如，一个害羞的孩子因为角色扮演的需要表现出与生活中截然不同的另一种姿态，找到和他人沟通、交流的方式，并且通过别人的反应重新找到自己的位置，儿童剧就展现出了非同一般的意义。学校剧社的刘老师带了一个一年级小男孩，性格很内向，但是声音极有特点，有点像梅兰芳，在模仿各种人物和动物的声音时总能抓住它们的特点，所以每次排练儿童剧都让他参与，并及时给予鼓励。渐渐地，这个孩子开朗自信了很多，也愿意和同伴说笑打闹了。

参加《猴吃西瓜》演出的小演员们，经常放学后加班加点排练。每次训练结束后，他们还要拖着疲惫的身体把作业做完，把功课补上，可他们不喊苦、不喊累。一个个弱不禁风的孩子，却有着坚韧不拔的精神。我想，这股精神和力量将永远伴随着他们，为他们的人生之路扫除一切艰难险阻。

激发学习兴趣，培养核心素养

戏剧作为一种教学方法对于教育教学改革具有重要意义，尤其是对于变革课堂教学模式能起到积极的促进和推动作用。戏剧教学法、创造性戏剧活动，以戏剧教育作为核心，将综合艺术学科（如美术、音乐、舞蹈等）与其他学科（如语文、数学、科学等）的教学相整合，形成一种融合的教学模式，将学科知识的学习与生活和戏剧元素相衔接，丰富学科教学的形式，培养学生在实践中学习的兴趣。

1. 学会挖掘生活，增强表达与创编能力

戏剧的题材很广泛，可以反映现实生活，也可以取材于历史；可以叙写美丽的神话传说和童话，也可以展现未来的科学幻想境界；可以描绘少年儿童观众同龄人的活动，也可以表现成年人的生活。戏剧对于儿童生活的再现具有极大的吸引力。鉴于此，在进行学科教学或是学校课程的时候，教师要紧紧围绕这一点，力求最大限度地解放孩子们的头脑，充分挖掘生活现实，发挥想象力，进行剧本的创作与编写。无论是语文课中的续写课文、寓言故事改编、习作，还是美术课中针对一个课题进行故事创编，又或是数学课中针对一项定律的论证，都会将其融入戏剧元素，从生活中寻找题材，在戏剧编写中获得结果。

而在这整个的教学过程中，要始终把握两个原则：一是注意不同年龄段儿童观众的审美心理特征；二是在内容的表达和情节安排上，注意适应儿童的生活经验、知识范围和感受能力。

2. 学会发展自我，大大提升多种素养

"人人有戏，我是主角"是学生文化的彰显。学生知道，戏剧表演中不一定非得成为主角，但在生活中，人人都要成为自己的主角，自理能力的培养、自主发展的形成，在最擅长的方面做最好的自己，已经成为师生家长的共识。学生爱上了学校，爱上了学习。这些学生具有深深的天泰"烙印"：会生活、会发现、会创造、会表演，极具挑战性。与其他孩子相比，横向上，他们更会表达，更加自信，更坚强向上；纵向上，他们的生活自理能力逐年增强，有理想、有梦想、懂礼仪、爱劳动、爱思考。家长们也纷纷赞扬：孩子们是快乐的、幸福的。

3. 学会兴趣培养，充实美好生活

随着戏剧社团的成功运行，学校又相继开设了各种社团，充分利

用社会资源，聘请具有高水平专业技能的志愿者与学校教师形成指导团队，开设攀岩、游泳、跆拳道、象棋、围棋、足球、羽毛球、手工编织、折纸、健美操、小提琴、电子琴、硬笔书法、趣味英语、韩语、游戏数学、童话故事等多项兴趣课程，为学生提供多元化的选择。

学生参加各种比赛，都取得非常好的成绩，游泳、跆拳道、足球、乒乓球、羽毛球、舞蹈、合唱、器乐、机器人都在区市乃至省拿奖。尤其是学校的舞台剧远近闻名，在全国第五届文艺展演中拿到了全国二等奖，这些学生也都具备了即兴表演、即兴创编的才能。多名学生还参加了电影、电视剧的拍摄，参与了电视台节目主持。

三、以活动促进提升：成就有戏学校

"有戏"的校园成就精彩人生！我每时每刻都在思考如何让学校特色教育发挥最大成效，让师生幸福指数得以提升，让校园成就每个师生的精彩，给师生提供平台，在一次又一次的活动中给师生锻炼的机会。

青岛市戏剧与学科融合现场会

"有戏"一方面是指通过孩子参与读剧、看剧、编剧、演剧这一专业层面的过程融入戏剧之中，更重要的是由此开辟他们美好而精彩的"有戏人生"。"人人有戏，人人精彩"是每一个天泰城学校学生、教师、家长的理念和目标。

2015年，随着学校教育戏剧的普及，青岛市的戏剧比赛，只要有天泰城学校参加，哪怕以班级为单位的比赛，天泰城学校的成绩总是遥遥领先。这也为争取青岛市戏剧与学科融合现场会的召开奠定了基础。

争取这个现场会的过程真是一波三折。

2015 年 10 月 9 号、10 号，我到江苏淮安学习，9 号晚接到了通知，青岛市教育局组织的"戏剧进课堂"现场会就要召开。10 号中午，刘雪峰老师告诉我 19 号召开。时间太紧，我们是否要选择承办，我也是进行着激烈的思想斗争，但是想到这 3 年来自己与老师们苦心经营，倾心付出，这不正是我们亮剑的时候吗？机会稍纵即逝，我果断地对雪峰老师说："办，我们全校一起努力，相信应该没有问题。"原定第二天上午到家，但我心急如焚，晚上 7 点立刻动身，半夜 12 点到家。

10 月 11 号星期天，学校骨干力量开始加班，一起策划整个迎接方案，并实际查看现场，忙了整整一天。周一上午，邀请了区教体局体卫艺科到校给予参考意见。此时又接到市教育局通知，周二务必提交方案，谁家的方案好，就安排到谁家。时间太紧迫了，我立刻安排孙骋老师执笔撰写竞选方案，一个晚上加上第二天一中午的时间。争分夺秒，13 号中午 12 点前把竞选方案发给到了青岛市教育局。

13 号下午，我马不停蹄地给全体教师下达了任务，笔记、绘画、教案、文化建设一样一样都准备齐全；美术组、音乐组、后勤组……全校一盘棋，齐动手，全军上；学校领导干部晚上加班到 8 点半。用孙骋老师的话说："翻找照片翻得都有些恶心了。"大家可以想象，这是多么大的劳动强度啊。孙老师这句话基本能代表全校员工的心声。

周三，一遍一遍地电话询问区教体局："市教育局到底是怎么安排的？"心急如焚，等来的却是"19 号肯定开不了，下周才到各校实地考察，看谁家好，就定在谁家"。妈呀，这不是"折腾人"吗？"竞争非常激烈，青岛市实验小学、崂山区麦岛小学、青岛二中、市北区的学校都在争取。"区教体局领导的这番话，几乎让我崩溃。

到底能不能承办？什么时候举行？我的心里真如十五个吊桶打水——七上八下，惴惴不安。终于还是忍不住，在周四晚上，我拨通了市教育局体卫艺处负责人的电话。她说周五下午刚好有时间，可以先到我校，用一个小时的时间了解一下学校情况。我听后万分高兴，赵处长能来也算是"晨曦微露"了。那天晚上，我整宿大脑都是清醒的，想眯一会儿都难，睁眼到天亮。

周五上午，老师们又开始忙碌了，准备出了 5 份翔实的学校文字材料。下午 2:30，崔校长准时载着赵处长和几位老师进校了。我带着他们实地参观了学校的文化建设。最后来到接待室，我汇报了学校戏剧进课堂的具体做法，市局领导非常满意，当场宣布"青岛市戏剧与学科融合现场会暨青岛市第三届戏剧节闭幕式"就在天泰城学校召开！在场的所有老师兴奋之情溢于言表。剑总是要亮的，只要是块好钢，只要用心打磨，就有"亮剑"的机会。现场会时间定在 11 月 11 日。

在之后剩下的 3 个周，集全校之力，以最好的状态迎接"戏剧进课堂"现场会的召开。

我亲自召开了领导干部会议，制定了迎接会议日程安排，召开了全体教师会，给全校教师重新布置了任务，而且规定了进度，希望各位老师高度重视，又着重召开了音乐组教师会议，布置任务。每个音乐老师负责一个级部，每个级部排练出样本剧，而且要在现场会当天的各个点上着装排练。

那几天，我可以说"腿不停，嘴不闲"，邀请对教育系统非常熟悉的记者金红蕾到校，请她以记者的眼光给准备工作挑挑"刺"，并请她提出自己的建议和设定。

亮剑，就要以最好的"姿势"，亮出最精致之剑，亮出最锐利之剑，亮出最夺目之剑。

2015 年 11 月 11 日，青岛市戏剧与学科融合现场会如期召开。青岛市教育局王铃副局长参加了会议，青岛市各县市区的分管领导、体卫艺科负责人、艺术专业负责人及青岛市各学校的分管副校长、戏剧骨干教师参加了会议，整个多功能厅坐满了人。来宾们参观了学校文化之后，便进入多功能厅，"实力展示"开始了。先由"123儿童剧社"的孩子们表演了学校创作的《猴子吃西瓜》。孩子们那惟妙惟肖的表演获得了大家的热烈掌声。接着，学校老师剧社的老师们表演了学校舞台剧的样本剧《玩具的控诉》老师们那扎实的基本功、童真童趣、活力四射，都给与会人员留下了深刻的印象。随后，刘琼和刘丽两位老师，分别上了数学课、科学课与戏剧融合的课堂教学片段，将戏剧冲突教学法融进课堂。接下来，我做了"教育戏剧进课堂，智美融合润童心"主题发言。最后，市教育局王副局长做了总结发言。他一上台就说："天泰城学校今天给我们展示的内容太好了，既有艺术性，还有学术性，戏味很浓啊！早知道这么好，我就请邓（邓云锋）局长过来了！"

会议在全市引起了极大的轰动。市教育局王镣副局长的评价是"专业性、学术性都很强，余味无穷，戏味很浓"。这是非常高的评价。青岛市各大新闻媒体——青岛日报、半岛都市报、青岛早报、青岛晚报、大众网、半岛网、中国教育网、城阳电视台都相继做了报道。青岛市教育局微信平台、城阳区教体局微信平台也都推出了情况介绍。最关键的是各学校来参加的人员都受到了极大的震撼，得到同行认可也是件不容易的事情。

这个活动举行的前前后后，体现的是集体的力量。从接到通知时的策划，到市教育局验收的初次汇报，到11月11日活动的举行，无不浸润着全体教师、学生的心血。

让我感触最深的是全校师生的凝聚力、向心力和执行力。只要集体需要，我有多大能力，就出多大能力。刘雪峰老师针对这次活动提出了很多创新性意见，排练了教师作品、学生作品，写出了规范性教案。学生指导中心的栾艳艳、陈晓英等老师也带领学生练解说词、练节目等。

毕林媛老师带领学生短期内做出了大量剧本故事粘贴画，并装裱上墙。孙骋老师做了最缠人的文化建设，利用休息时间，制作了会议片头，考虑了汇报材料，制作了汇报课件等。老师剧社的一帮人既有当班主任的，又有家里有孩子的，但她们放下了个人利益，勇于完成了集体活动，赢得了掌声，可敬可佩。

在这件事上，我还有一个收获：任何一件事情只要发挥集体的力量，大家集思广益，勇于攀登，距离成功就不远了。

附：现场会发言稿（节选）

"戏融校园，寻梦成长"这个主题非常棒，这也是我们3年来一直的追求。下面我从戏融文化、戏融课程、戏融课堂、戏融教师、戏融学生等方面给各位领导和专家做简单汇报。我汇报的题目是"教育戏剧进课堂，智美融合润童心"。

一、戏剧与学校文化融合，打造一所有戏的学校

1. 戏剧与精神文化融合

建校伊始，便全方位营造了以"爱智"为核心的学校文化，力求通过教育使学生具有丰沛的内心和智慧的头脑。因此，教师在教育的过程中非常重视学生的体验和感受，让学生通过演一演的方式主动参与知识的建构，既深化了他们对问题的理解，也增强了他们的艺术表现力。

而这演一演，演出了名堂。根据学生当中存在的问题，学校自主创编了首部舞台剧《玩具的控诉》，获2012年的城阳区"区长杯"戏剧比赛二等奖。2013年春，又自主创编了舞台剧《1234567》，一举夺得当年城阳区"区长杯"戏剧专场比赛的一等奖，并获山东省中小学生艺术节戏剧专场比赛一等奖第一名。2014年，我校自主创编的校园剧《猴吃西瓜》再次得到了各位领导及专家的好评，目前该部剧的光盘已提交到全国第五届文艺展演之中。在这过程中，各级领导给予很

大的关心支持，提出了很多可行性的意见和建议。学校适时抓住机遇，于 2013 年秋，开始探索戏剧与学校文化的融合，制订了"智美融合，剧演生活"的特色发展 3 年规划。"有戏"一方面是指通过孩子参与读剧、看剧、编剧、演剧这一专业层面的过程融入喜剧之中；更重要的是由此开辟他们美好而精彩的有戏人生。"人人有戏，人人精彩"是每一个天泰学生、教师、家长的理念和目标。

2. 戏剧与物质文化融合

在学校的物质文化建设中，也处处凸显着戏剧元素，着力打造有戏的校园。外楼墙上，"有戏的人生从这里启幕"昭示着学校的理念与目标。一楼大厅，"天天小剧场"让孩子们课下时间在此看剧、演剧，充分彰显自己的才华。"123 儿童剧社"给专业演员提供了优质的排练的场地。"戏剧文化教育馆"让孩子们有了了解戏剧知识、学习戏剧文化的大课堂。

每个班级用剧社的名字来命名，"班级名片"也是"剧社名称"。班级名片让我们清楚地知道这个班级的特色，例如小海星剧社、七色花剧社、向日葵剧社、小飞马剧社等。班级的文化建设也以此展开。

3. 戏剧与活动文化融合

（1）每月级部比赛。此项活动由音乐组教研组负责，比赛内容为样本剧或角色表演，重在模仿。

（2）课本剧编演比赛。此项活动由语文教研组负责，或者进行课本剧创编，或者进行课本剧表演比赛。

（3）校园戏剧节系列活动。此项活动由学生管理中心负责。进行各种与戏剧有关的各种展览，如读剧心得、戏剧故事绘画、戏剧目剪纸等。戏剧节的重头戏为各班精品剧目比赛与汇报演出。每年的庆元旦汇报演出邀请家长、社区领导参加，各剧社充分准备，堪比区艺术节舞台剧的专场演出。精神文化、物质文化和活动文化都能让人感觉到这是一所有戏的校园。

二、戏剧与课程融合，优化生活课程体系

1. 将戏剧引进学校课程体系

按照生活教育的理念，学校提出了让孩子们过智慧的生活、健康的生活、优雅的生活、创意的生活。围绕着这四大类生活，进行了相应的课程设置，即健康生活类课程、智慧生活类课程、优雅生活类课程、创意生活类课程。其中戏剧课程属优雅生活类课程。包括剧目欣赏、剧本创编、剧目表演等校本课程，作为学生的必修课。

2. 编写戏剧校本教材

戏剧校本教材分为两类，一类是剧本汇编，来源于学校教师、学生和家长的共同编著或改编，主要让学生读剧；另一类是表演类教材，利用学校剧社排练出来的样本剧为依据编写，但目前还是教师根据目标和计划编写教案阶段，明年暑期完成。

3. 开设戏剧专业课程

学校将戏剧表演作为校本课程，每周开设一节戏剧指导课，在青岛话剧院专家的指导下，由学校的班主任老师按照学校自主编制的简易校本教材，自行备课、上课。利用样本剧，引导学生进行口语训练、形体训练、舞美设计、道具设计等。例如，一年级的样本剧为《玩具的控诉》，二年级为《守株待兔》，三年级为《1234567》，四年级为《猴吃西瓜》。一学期下来，每个剧社必须都能排出这个样本剧。这也是一年一度校园戏剧节比赛时的必选剧目。

学校在进行评价时也分两部分：一是看这个班的孩子是否都是这个样本剧的一个角色，抽到哪个学生，就由其所在的队伍集体出演，代表了班级的成绩；二是班级集体排练精品剧目，参加学校的戏剧节精品节目演出，评委会打出分数。两部分结合评价出班级的戏剧成效分数。

三、戏剧与学科融合，打造有戏的课堂

我今天汇报的是"教育戏剧进课堂"，而不是戏剧教育。教育戏剧和戏剧教育是不同的两个概念，刚才我汇报的前两部分就是我们常说的戏剧教育，教育戏剧是指用戏剧方法与戏剧元素应用在教学或社会文化活动电让学习对象在戏剧实践中达到学习目标和目的。教育戏剧的重点在于学员参与，从感受中领略知识的意蕴，从相互交流中发现可能性、创造新意义。所以教育戏剧就是让每个学生参与其中，融入各科的教学中。

（详见本章第一部分）

四、戏剧与师资融合，打造"有戏"的教师队伍

培养"有戏"的学生，教师必须"有戏"。近两年来，教师在各方面都取得了较好成绩。就戏剧方面而言，我们主要做了如下工作。

（1）学校带领全体教师走进剧院，感受戏剧的魅力。到青话剧场看过《野天鹅》，到娄山剧院看过《我在天堂等你》，到青岛大剧院看过《茶馆》《音乐之声》《木偶奇遥记》。

（2）购买戏剧类图书，引导老师读书。学校订阅了《戏剧》刊物，给教师每人购买了《山东省学生艺术水平考试播音主持专业教材》，供教师学习。

（3）安排教师参加戏剧高端培训，包括在青岛师范学校和黄岛举行的青岛市骨干戏剧教师培训。刘雪峰老师还参加了教育部组织的国培，到天津观看戏剧节比赛等。

（4）学校成立"非童一班"教师剧社，通过自己排练节目获取经验，用于指导学生。

（5）成立戏剧教研组，专门研讨戏剧教育的发展与培训工作。

（6）有2名教师获戏剧指导奖。更重要的是我们的教师不但会用戏剧育人，还人人成为有特技的"高手"。

五、戏剧与学生成长融合，让"有戏"的教育站得更高，走得更远

戏剧是门综合性艺术，它不但可以陶冶性情，提高审美能力，还能形成良好的品格和完美的人格。更重要的是，孩子们提高了自信心，每个人都能从这项活动中找到自我。如果说我演得不行，我可以去编剧；我编得不好，我可以动手做道具，还可以去摄像，甚至打灯光也是一门学问。总之，每个孩子都会找到精彩的一面。

为让有戏的教育走得更远，2014年6月11日，在青岛市体卫艺处赵处长的指导并亲自参与下，在著名儿童剧作家代路老师和梅花奖得主曾拥军老师见证下，天泰城学校"123儿童剧社"成立。代路老师做了学校名誉校长，曾拥军老师做了剧社顾问。定期来校指导教师和学生表演。北京电影学院现代创意媒体学院刘汁子教授等几位专家到校指导学生，并与学校达成合作意向。

校级剧社的成立迅速扩大了学校戏剧特色的影响力，不但为学校精品戏剧节目的创作提供了全方位保障，更为那些具有表演天赋的孩子们创造了提升自我发展的平台。凭借自身优秀的表现力，剧社小演员们在外演出的过程中不断获得专业界人士的好评，并开始受邀参演影视作品。2014年8月，王前和林奕好出演了由"光影梦工厂"拍摄的微电影《开心的夏天》。2015年6月，在山东卫视和安徽卫视热播的电视剧《你是我的姐妹》中林奕好成功出演了"童年安乐"这一角色。

中国教育科学院教育文摘以"一所有戏的学校"为主题，对我校进行了整版报道。

余秋雨先生说过："一个孩子如果没有机会从小学习表演，将来很难成为有魅力的社会角色，让儿童参加戏剧表演，不是要培养文艺爱好者，而是要赋予孩子们一种社会技能。"如今，学校的戏剧不仅仅是一项技能，更是一种育人模式，是促进学生身心健康发展的重要

手段。最终要完成学生德、智、体、美、劳、等全面发展的育人目标。

观摩与指导

青岛市"第三届戏剧节暨戏剧与学科融合现场会"召开之后，天泰城学校成为远近闻名的有"戏"的学校。11月底，区教体局普教科科长召集几个学校的校长到局里开会，下大了一个重要任务：12月份青岛市教育局党组书记、局长邓云锋同志将带领各县市区的局长、分管局长及相关科室科长到各县市区观摩。

教体局赵平局长非常重视，他强调："你们三家学校将代表咱城阳区的水平，更是你们三家学校展示自己特色的绝佳机会。"是啊，真是太难得了，一所处于农村位置的学校，能得到市教育局局长及各县市区局长的指导，这是多么好的学习机会啊，应该把最好的状态展现出来。

亮剑继续。

青岛市第三届戏剧节暨学科融合现场会的"完美"召开，给了我极大的信心和底气。因为王副局长在总结时，第一句话就提到"今天的活动既有艺术性，还有科学性，早知道这么好，我就请邓局长来了"。既然市教育局这么肯定我们，那说明我走的路子是对的，成果得到领导的认可。我一下子有了百倍的信心，紧锣密鼓地准备起来。

表4-7　迎接"青岛市教育现场观摩"特色工作展示方案

观摩版块	观摩时间	观摩主题	观摩内容	观摩形式	地点	责任人
	8:30—9:00	签到	签到、领取会议材料；各区市领导到二楼多功能厅观看学校宣传片；市局邓局长等领导到二楼接待室		教学楼大厅	栾淑红

观摩版块	观摩时间	观摩主题	观摩内容	观摩形式	地点	责任人
第一版块	领导进校门至 9:00 前	学校简介、生活教育办学思想简介	生活教育办学思想、戏剧特色、课程特色简介、楼体文化及天泰十景	校长讲解、展板展示	校门口及大厅	孙骋
第二版块	9:00—9:05	行知教育馆展示	1. 展示行知文化特色 2. 戏剧文化教育馆	参观讲解，现场感受	行知教育馆	隋艳萍
第三版块	9:05—9:10	作品展示	戏剧道具、学生戏剧作品	学生讲解，现场感受	二楼书馨厅	蹇慧玲
第四版块	9:10—9:25	学生剧展示	学生剧《猴吃西瓜》展示	多功能厅就坐观看	多功能厅	刘雪峰
		戏剧教学法展示	戏剧与数学学科融合，呈现戏剧与学科融合具体方法。			隋艳萍
第五版块	9:25—9:27	参观"123 剧社"	参观"123 儿童剧社"文化建设，了解剧社发展历程和剧社功能	学生讲解，校长讲解、现场感受	123 剧社	方卉
第六版块	9:27-9:30	参观"天天小剧场"	参观"天天小剧场"文化建设，了解小剧场功能，现场观看学生样本剧排练	学生表演、现场观看、学生讲解	天天小剧场	陈晓英
第七版块	9：30 后	"爱·智"文化简介	沿学校大厅，边介绍"爱·智"文化边走出校门	校长讲解	走出校门途中	孙骋

　　2015 年 12 月 18 日 8 点 55 分，三辆大客车停在了学校停车场。我和教体局领导一起把观摩团迎进学校，开始了我的讲解："尊敬的邓局长及各位领导，大家上午好！欢迎来到城阳区天泰城学校，天泰城学校是……"嘹亮、自信的声音在校园响起。

　　时间非常短暂，只给我半小时的时间。于是，我按照既定方案，引领领导们参观了"行知大课堂"；沿途展示了孩子们的戏剧道具、戏剧手工、戏剧美术作品等；到"精灵剧场"，观看了孩子们的舞台剧表演和老师的"戏剧冲突教学法"的课堂展示；在出校的路途中，又顺便看了学校的"123儿童剧社""天天小剧场"以及大厅的"梦想树"，边走边介绍了学校的"爱·智"文化。

　　顺利地完成了观摩活动，邓局长在上车前紧紧握着我的手，说："你的学校已经很有特色了！"领导的肯定给予我莫大的鼓励和信心，一所农村学校，一个农村学校的校长，能够得到市教育局局长的认可，这是何等的荣耀啊！"办一所有特色的学校"是每一个校长的梦想与追求，我也一直在逐梦前行，而今听到领导这样的评价，我又是何等的高兴。梦想在一步步实现，我所给予孩子们的一种公平的教育理念也在慢慢实现，逐梦的路上我有了更多的底气与自信。

　　这次观摩活动，青岛日报、半岛都市报、大众网等各大媒体都给予了大篇幅报道。"一所有戏的学校""一所有特色的学校"，天泰城学校一下子便名闻遐迩。

　　这次会议之后，学校接二连三地收到来观摩的请求。2015年12月28日，市南区的全体校长在教育科的带领下集体乘车到学校观摩。李沧区、市北区的校长或个人或集体陆陆续续地来学校。据说，邓局长在总结会上，对只有4年办学经历的天泰城学校，给予了大力表扬。学校围绕"戏"字做文章，形成自己的办学特色，值得其他学校借鉴。各县市区的局长们也深有感触，李沧区的韩局长也在全区校长会上说"你们隔着天泰城学校那么近，去看看，人家是怎么做的？"

　　这些评价与观摩更加增添了全校师生前进的动力。

附：参观团到校观摩的新闻稿

邓云锋局长率团观摩城阳教育，首站天泰城学校

2015 年 12 月 18 日上午 9 点，青岛市教育局邓云锋局长，率领由各区市教育局局长、分管局长等组成的观摩团近百余人来到城阳区天泰城学校，观摩并指导现代化学校建设情况。

天泰城学校开办 5 年来，一直以打造一所"新型城区现代化优质品牌学校"为目标，在教育家陶行知精神的指引下，确立了"爱满天下，智溢泰和"的办学理念。从生活教育的角度出发，提出了让孩子过智慧的生活、健康的生活、优雅的生活、创意的生活。近年来，积极发展戏剧特色，让教育戏剧走进课堂，走进孩子们的生活。

首先，王建娥校长带领领导们来到行知文化教育馆，一同参观了陶行知先生的生平事迹，展示了我校教师学陶、研陶、师陶的做法。行知先生倡导的生活教育的思想，为学校发展提供了理论依据，我们在办学过程中坚持实施生活教育，使学生充分体验生活、感受生活、参与生活，使教育充满生命的活力。

书馨厅的戏剧道具、学生的戏剧作品吸引了领导们眼球，一件件精美的作品浸润了孩子们的汗水和成长。孩子们也在一次次创作中锻炼了想象力、动手能力。

随后，领导们来到多功能厅，观看了我校编排的优秀舞台剧《猴吃西瓜》，周琼老师以教学小片段的形式为领导们展示了戏剧冲突教学法在数学学科中的应用。

每个班都成立自己的剧社，在班主任的指导下不仅能推出自己的优秀剧目，更以戏剧元素让班级文化丰富多彩。

学校"123 儿童剧社""天天小剧场"是我校戏剧特色发展的源头，领导们走进剧社，感受了学校戏剧教育的发展历程。"梦工场"，是学校为孩子们精心打造的一个寻梦、追梦的活动空间。

王建娥校长说道："戏剧是一种综合性的舞台艺术，它的意义和价值在于能让每个孩子有梦想、有志向、有精彩。在当前国家推动美育进校园的背景下，这种融合能充分凸显现代化学校教育。"

仅仅半个小时的观摩，就使来宾们对我校现代化的办学理念和鲜明的办学特色留下了深刻印象，邓局长对我校的以"爱·智"文化为依托的生活化教育体系给予肯定和赞许，对将戏剧教学融入课堂教学的创新尝试给予了鼓励和支持。

"有戏的人生，从这里启幕"，相信在行知思想的指引下，在上级领导和社会各界的关心和支持下，天泰城学校定会人人有戏，人人精彩！

青岛城阳区自 2014 年下半年开始，全区校长集合起来，分成 3 大组，到各学校观摩，观摩活动分了 4 批，一学期一次。每到一个学校，校长要亲自介绍学校发展优势、特色，师生特长展示等。这样的形式，提升了学校的管理水平，一方面各学校在展示前，会做认真梳理和总结；另一方面，校长们在观摩中相互学习、相互借鉴，对每个人都会有极大的提升。我校于 2015 年下半年迎接了小组观摩。本次总结会在我校召开，是我一开始没想到的，学校远离城区，交通也不方便。我猜想，赵平局长亲自指定在天泰城学校召开，可能与 2015 年底，邓局长率全市观摩有关吧。

2016 年 4 月 14 日下午，全区教育观摩活动暨两年教育观摩总结会在我校召开。区教体局主要领导、各街道教委办负责人、全区中小学校长等领导参加了此次观摩会议。

会议召开之前，我引领各位领导们观摩了学校的戏剧特色建设。

领导们走进校园，首先映入眼帘的是我校的"爱·智"文化墙，学校自成立之日起，就崇尚陶行知先生的生活教育理念，坚持教育与实际生活相结合，与社会发展相结合，与现代教育相结合。"爱智文化"深入人心，教师用爱心滋养孩子，让理智、机智、睿智、情智、明智，这些智慧之光闪耀于校园之中。

学校"123儿童剧社""天天小剧场",是我校戏剧特色发展的源头。领导们走进剧社,感受了学校戏剧教育的发展历程。"梦工场",是学校为孩子们精心打造的一个寻梦、追梦的活动空间。

随后来到学校的"行知文化"教育馆,参观了陶行知先生的生平事迹,展示了我校学陶、研陶、师陶的具体做法。行知先生倡导的生活教育的思想,为学校发展提供了理论依据。我们在办学过程中坚持实施生活教育,让学生充分体验生活、感受生活、参与生活,使教育充满生命的活力。

最后,领导们来到多功能厅,欣赏了由五年级三班带来的原创舞台剧作品《水浒外传》;周琼老师以教学小片段的形式为领导展示了戏剧冲突教学法在数学学科中的应用。

观摩结束之后,区教体局赵局长主持召开全区教育系统观摩活动总结会,他充分肯定了此轮观摩活动对于我区教育系统管理者,特别是中小学校长们开阔办学思路的意义,并表示今后将继续采取不同的形式,促进区域内校长之间的相互学习。

支点教育论坛

青岛市教科院自2015年开始,每年都要举行"岛城教育家成长论坛",为的是培养更多的优秀校长和教师。2016年的论坛活动便安排在我校举行,名字改为"支点教育论坛"。"支点教育论坛"是2015年"岛城教育家成长"系列论坛的深化,以全面深化教育领域综合改革、提升各级各类学校育人质量为目标,以教育改革的攻坚领域和素质教育的关键环节为突破,着力促进学校与校外教育机构的合作交流,促进教育与社会政治、经济、文化等领域的沟通碰撞,促进本土实践者与国际专家的视点交融,引导和鼓励全市教育工作者以问题为基点,以变革为主线，以发展为指向，不断创新教育实践，提高教书育人质量，办人民满意教育。

本年度论坛深度分析了全市教育改革和教育家办学的成功经验、创新成果，选择有代表性的学校或教师，以专题研讨、现场观摩、成果论证、深度访谈、专家指导等形式，采用横向比较与纵向追踪分析的方法，对其实践经验进行理论提升。邀请教育权威报刊、新闻媒体进行深度采访和个案解读，促进成果转化，持续打造一批具有时代特征、青岛特点、学校特色，富有实践创新力、思想影响力和典型示范价值的基层教育改革创新成果，培育一批有思想、有担当、有作为、有影响的未来教育家。

本次论坛的议题是让课程成为学生热爱学习的理由。

亮剑还在继续。

这是一个非常难得的学习机会，我知道，参加这样的论坛的都是名校长，都拥有改革创新成果，关键还有教育大家的点评与指导。但越是这样，压力越大。面对压力，我的挑战压力的精气神又被激发起来，特别是听说北京十一学校的李希贵校长要来，更令我欢欣雀跃。以前只是远距离听他讲座，现在能把他请到学校当面指教，多好的一件事啊！我认真地准备着材料。原青岛市教科所于立平所长非常认真负责，亲自审稿，帮我修改了五六遍。

2016 年 4 月 29 日，青岛市教育局"支点教育论坛"首场论坛，在城阳区天泰城学校开始隆重启动。北京十一学校校长李希贵、中国海洋大学教授孙艳霞出席会议。各区市教育（体）局局长、各单位校长教师代表 300 多人参加会议。青岛市教育局副巡视员曲黎明主持会议并讲话。

会上，城阳区教体局副局长徐连吉首先做了《推进区域课程改革，推动教育内涵式发展》的发言。紧接着，我作为本次论坛的东道主，作为基层单位，第一个发言，我发言的题目是《让学生过"有戏"生活——"有戏"课程的探索与思考》，把这几年的戏剧教育的实践做法与思考，与同行们进行了交流。越是这样的大场合，我越能侃侃而谈，胸有成竹，脱稿发言，获得了热烈掌声。发言结束后，市教科所的马建华老师评价说："很好！控场能力很强！"

在所有人发言结束后，李希贵校长、孙艳霞教授对论坛进行了点评指导。最后，所有发言者和点评专家都上台接受与会人员的现场问答。有两位校长现场向我提出问题，我没有丝毫紧张情绪，从容作答。

下午，李希贵校长做了《让课程成为学生热爱学习的理由》专题报告。这次活动的举行，让我的个人经历又丰富了；更重要的是，这种大活动，既能锻炼团队的接待能力、现场服务能力，更让老师们开阔视野，增长见识。

全国文化内生与课程再造现场会

2016年5月29日，"全国文化内生与课程再造"现场会在我校召开。来自深圳、新疆、兰州等全国各地的新样态学校200多人参加了会议。中国教科院基础教育研究所陈如平所长亲临现场，并做了现场总结发言。

接下来的几年，天泰城学校颇为"热闹"，一波接一波的现场会、观摩会，因各类考查活动来的参观人员可以说是摩肩接踵、络绎不绝。

学校先后迎接各级各类会议十几次，"青岛市学雷锋活动启动仪式""城阳区关工委关心下一代工作现场会"等大型会议相继在学校召开。学校也成为岛城志愿者协会"支教岛"的名校长培训基地，几乎每周都有来自贵州、甘肃、云南以及省内各地区学校的校长、教师，到学校参观学习或跟岗学习。

一次次活动的开展，学生们也跟着成长起来了。有一次，有一个朋友到学校参加会议。我没有时间接待她，过后，给她打了个电话，道歉没留她吃饭。没想到她却兴高采烈地说："你不用请我吃饭，你的学生给我吃的精神大餐已经让我太知足了。"我问怎么回事，她说："那天，一进你们校园，便碰到了一个小男生。他热情地问：'阿姨，您是到我们学校参加会议的吧？走，我带你去。'一路上，他边走边介绍学校多么好，老师多么好。快到会议室门口时，他突然说：'阿姨，您那么漂亮，为您带路非常高兴。'我说：'你也很帅。''我再帅，也没您漂亮，祝您愉快，再见。'王校长，你听听这孩子的语言，我还用吃饭吗？早被甜饱了。"我听了，哈哈大笑。是的，这就是我们的学生，他们懂礼貌，会表达，会学习；有远大理想，有生存技能，有广泛的兴趣和爱好。他们在各方面都表现得非常突出，非常优秀，可谓人人精彩，人人成戏。

借助学校戏剧教育的特色，教师的课堂教学也有了自己的特色，有了自己的优秀教学法，特别是学校在成功申报了青岛市地校学科教学基地后，学校的多名教师举行了青岛市公开课，两名教师被评为青岛市教学能手。可贵的是，教师们都有了昂扬的斗志，有了向高向上的价值追求。我的一举一动、一言一行无形中给他们树立了标杆和榜样。

而在这过程中，我是最大的受益者。2017年，我成为青岛市名校长工作室成员；2019年，成为青岛市优秀教育工作者；2020年，青岛市成为城阳区首批名校长。2019年12月，我还被邀请加入了全国立德树人戏剧教育共同体。

在教育这片沃土上耕耘，给予对生命对事业的敬畏，我始终将爱与责任挑在两肩。我的心中永远装着学生，装着教育，朝着梦想花开的方向，努力，努力，再努力。

第五章　乐享舞台
　　　　——逐梦前行，共生展戏

"戏"语

　　人生如戏，有成功，亦有失败，更有积累与体悟；人生梦想，有破灭，亦有实现，更有经验与收获。它们是我人生最大的财富。在教育这个大舞台上，我无疑是幸福的。在不断挑战自我中，我踏上了一个又一个舞台。在一个又一个舞台上，我享受人生，享受艰难，享受硕果。

一、记载"有戏"成长路径

"有戏"是本地方言，包含着有指望、有希望、有出息、有能耐的意思。一个学校的校长，就应该成为老师、学生、家长的指望、希望。虽然说，一个好校长成就一所好学校的说法有些夸张，但是努力做一个好校长，当校长的应该责无旁贷。校长在这条路上就需要不断学习，不断积累，勇往直前，永不言弃。

自 2000 年成为"正式"校长以来，我不断积累和总结工作经验，每周都要写工作心得，有些送给老师，算是与老师互动，有些自己保存，留作以后工作的参考。现将 2015 至 2016 学年度的第一学期的工作心得分享给大家，也希望得到大家的指教，这里有我成长的脚印，更是我成长的缩影。

学期工作心得（18 周）

以"真爱、和睦、快乐、智慧"之情迎接新学期（第 1 周工作总结）

转眼间，2015—2016 学年度第一学期又来在我们面前。本学期我们迎来了 16 位可爱的新成员，首先向 16 位新成员表示热烈的欢迎！欢迎你们加入天泰城这个大家庭。

开学的工作是繁忙的，大家辛苦了！

后勤服务中心在一个暑假里都是繁忙的。采购、开辟新教室、布置办公室、维修等，几乎天天到校。27 号接到重新布置一个教室的任务，开始筹划、布置、安排；28 号晚上 9 点就全部布置到位，为师生的按时开学做好了后勤保障。图书管理员认真为教师服务，图书发放到位。

全体教师按时回校，认真准备开学前的工作，一年级的 5 位教师在刘云丽主任的带领下，积极布置教室，筹划迎接新生工作，创造性地让孩子到教室印小手印，使学生一进校门就有一种集体的归属感。

因临时搭建办公室，一年级的老师在 28 号晚上工程完工后，才收拾自己的办公桌，晚上 9 点多才回家。29 号上午，学校成功迎接了 225 名学生到校，举行了新生培训及首次家长会。新上岗的牛欢和宋珊两位新老师丝毫没有畏难情绪，大胆地举行了首次家长会。

开学 3 天，各部门积极行动，出色地完成了各项任务。学生管理指导中心安排的志愿者小队周一早上就开始上岗，队员们认真地履行自己的职责。五年级一班的陈梓源同学早上 6:50 到校，在大门口热情地迎接同学们，并指挥同学们有序行走。管理中心的老师们在校园中，认真督促检查各项工作，善于发现问题，解决问题。

教师发展中心和教学管理中心从周一早晨第一节课开始就安排所有领导干部听课，老师们认真地进行了课前准备，课堂教学也能从容进行。王艳老师课堂评价语言丰富，对学生极其耐心；汪莹老师注重与孩子的互动，调动了学生的积极性；王震老师能充分理解教材，课堂上抓住重点对学生进行细致的养成教育。

行政服务中心认真进行各项制度制定的筹备，加强了学校宣传，填写好新学期需要的各种表格等。各级部主任很好地筹划布置了本级部的工作，既很好地执行了学校计划，又结合本级部特点提出了创新性思路。

学校各项工作有序进行，体现了我校"真爱、和睦、快乐、智慧"的教师形象。孩子们在新学期初也表现得非常好，特别是一年级的小同学独立、勇敢，没有哭鼻子的，而且就餐秩序也非常好，这与老师们付出的心血是分不开的。

以下几个方面，还需全体老师注意。

接送孩子的家长秩序混乱。特别是早晨用车送孩子的家长，有下车送孩子的，有在学校门口调车头的，下午接孩子的家长不在规定位置等学生。对于这些行为，希望相关办公室联合强调、监督，抓好落实。

学校的环境卫生打扫不彻底，表现为草多、纸多。学生指导中心把卫生区分工到位，不留死角，各班级还需要再组织学生认真清理。

接下来将有三天的假期。老师们要充分休息好，以迎接新的一周。祝大家假期快乐！

敬畏自己，做快乐的行者（第 2 周工作总结）

本周工作的关键词，我想用"成功"来表示。

全校师生成功完成了 6 天的教学任务，学校秩序良好，教师精神饱满，学生规范有序，特别是下午放学的秩序有了很大改进。

史卫峰老师成功地处置了一起突发事件。9 月 7 号课间操结束，在带领学生回班的路上，她发现有一个学生走路歪歪扭扭，马上扶住了他。谁知学生躺在她的怀里晕了过去。史老师非常害怕，但很快冷静下来，急速叫来体育组的老师，拨打了 120，通知了学生家长。在等候救护车的时间里，她和体育组的老师用担架把晕倒的孩子抬到了阴凉通风处。孩子从 10:15 发病，到被送入城阳医院急诊科，总共用了 35 分钟时间，情况处理得很及时，挽救了孩子的生命。这种处理突发事件的机智和能力，值得全体教师的学习。遇到突发事件时，我们一定要学会冷静、机智、周到地处理。学校还要加强应急预案的演练。

本周，我们成功地举行了教师节庆祝大会，举办了"立德树人，做人民满意教师"演讲比赛。老师们表现优秀。比赛由栾艳艳老师主持，王震、宋珊、王双林、吕文硕、刘晓婷、于凤、梁泽媛、方卉参加了比赛。几位新来的教师用心将自己开学来观察到的点点滴滴记录下来，特别是一些让他们感动的人和事，通过演讲表达了出来。工作两三年的教师对于教育有了较深的理解，真正表达出了自己的真情实感，为演讲的每一位老师点赞。会上成立了史卫峰名师工作室、林艳名班主任工作室。名师、名班主任与青年教师结成共同体，共同研讨提高，也希望青年教师紧紧抓住这大好的学习机会，虚心请教，快速成长。

周五，孙淑清老师成功举行语文拼音教学示范课，刘云丽老师成功地进行了一年级班级管理的经验介绍。开学第二周，在别的学校忙着过教师节之际，我校却在静心做教学研究。语文组举行了本学期第一次大教研活动，孙淑清老师发挥出了自己上课基本功扎实、教学方法灵活、有趣的优势，成功地上了一节引领课。刘云丽老师结合自己的班级管理经验，声情并茂、章法有序、毫无保留地与大家分享了经验。参会者无不高度赞扬。共同体内的学校参加活动，北师附校、棘洪滩街道的 4 所学校前来听课、学习。王艳老师成功地主持了语文组第一次教研活动。

后勤管理中心成功地迎接了市食药局、市教育局联合进行的食堂大检查，反馈非常好。

本周的重要活动就是教师节的庆祝。每年的这个时候，都是令人激动与兴奋的。广播电视新闻媒体铆着劲地表扬教师的先进事迹，评论着教育的是是非非；各级表彰、各类会议、各种祝福也刷爆了我们的朋友圈。可轰轰烈烈的教师节后，一切都归于平静，政策还是那些政策，环境还是那样的环境，我们还是该干吗干吗。孙骈老师的教师节微信宣传文章写得非常好，我们要敬畏自己，让心中的那份幸福永存，无论何时何地都做快乐的行者。

祝我们永远快乐！

一切从"劳动"开始（第 3 周工作总结）

劳动创造了一切，足可以看出劳动的意义与作用，而我们本周的工作从劳动开始。

周一，举行了单周全体教师例会，开始详细地布置各项工作，尤其是布置了我们顶顶重要的校园网格化管理工作。

周二，网格化管理运行开始。6.1班学生开始值周，拉开了我们本周的重头戏——劳动。自开学以来，上级领导强调最多的是迎接全国卫生城市的再次审验，就是我们耳边常听到的"创卫"。之前由于我存在侥幸心理，觉得离城区远，检查不到我们，没有把这件事当作重要的事情来做，结果教体局领导来检查时给予了我们严厉的批评。语言不可谓不中肯，道理不可谓不明白，于是我们举全家之力，奋起从头跃，老少齐上阵，开始了轰轰烈烈的大扫除运动。

崔校长开来了家里的货车，全体男老师展开了清理校内外卫生死角的活动，该剪的剪，该铲的铲，该清的清，该拉的拉。赵欣担当起司机兼装卸工的职责；刘波、牛浩、孙骋担任起装卸、打扫的职责；刘波发挥了个头高的优势，将大片垃圾翻墙倒入新建的垃圾池。他们整整干了两天，着实累得不轻。万立波、栾江勇剪不离手，镰不离手，"软硬兼施"，使校园内高的、矮的树、草都服服帖帖。罗万帅亲自架起了割草机，那范儿真的像大帅，指挥了"千军万马"，可也让自己汗流浃背，前后尽湿。崔校长担任总指挥，宋志刚后勤补给，组成了一只敢打"仗"、打硬"仗"、战之能胜的小分队。更要表扬传达室的周师傅，没有休班，全天带领临时找来的工人干完了最难缠的活。两个栾师傅也忙里忙外，既要看门，又要砍树。

女教师也没有闲着，北楼女教师利用自己没有课的时间，参与到了拔草、清理校园垃圾的工作中。学生管理中心分工到位，各分管级部的领导和级部主任调动各种办法和全体班主任学生打好这场突击战。

五年级级部卫生区面积较大，他们发动了家长参与到劳动中来。于凤班的家长带来了工人和割草机，很好地帮助他们完成了任务。五六年级学生也长大了，不怕苦、不怕累，有些同学在拔草中手都勒出了血，也不叫苦喊疼。班主任老师带领学生在打扫好卫生的情况下，班级文化建设也有了很大的进步。经过全校师生的共同努力，校园内外没有死角，完成了清除任务。有的地方后续再细化就可以了。

周四，兴趣班课程正式开课，全校30多个兴趣班课程开展得井然有序，但还需要再规范。

周五，山东齐海律师事务所邱军律师来到我们学校，为五、六年级同学和老师们做了生动的法律知识讲解。老师同学们听得很认真。

周六，为了"创卫"，开启了加班模式，牛欢、王艳、刘倩、王震、栾艳艳、刘晓爽、张晓婷等几位老师都到校加班，打扫卫生，对以上老师提出表扬。

本周工作中，还存在一些问题。例如周五多功能厅的空调没关、舞蹈教室也有不关空调的现象，希望每位老师要高度重视。下次再有这样的现象发生，将扣量化管理分数。

劳动的意义我无须多讲，老师们要有带领学生劳动的意识，更要有身体力行、榜样的示范作用。

本周，我们有了良好的开端，接下来不但要保持，更要努力将工作做细，一起加油吧！

职称与职责（第4周工作总结）

每年秋季学期，部分老师十分关注的就是职称评审。今年的这项工作有些提前，要求在本周迅速完成。

"职称"在理论上是指专业技术人员的专业技术水平、能力、成就的等级称号，反映专业技术人员的技术水平、工作能力。专业技术人员拥有何种专业技术职称，表明他具有何种学术水平或从事何种工作岗位，象征着一定的身份。

对职称，网上或者报纸杂志上都有这样那样的一些评论，或称赞，或有微词，或者破口大骂，但在国家还没有制定更好的评价制度的情况下，只能继续沿用这种相对公平的评价办法。

我认为，职称更多的要体现一种职责（不是说职称低的，就可以不尽责或少尽责。当然职称高一些的就应该多尽责，至少有辅导低职称教师的义务）。这种职责是每一个教师的本分。教书育人是我们每一个踏入教育系统的人应该做的事情，这就要求我们一岗双责，既要教好书，又要育好人。

周三，区教体局教研室全体教研员到校进行课堂教学指导。李晓玲、彭伟光、王双林、刘晓爽、吕文硕、于凤、方卉、毕林媛、蹇慧玲、孙骋10位老师进行了课堂展示。教研员对于这几位教师的课给予充分的肯定，一致认为老师们虽然工作时间短，但是自身业务素质都不错，每一位老师能够精心备课，教学思路清晰。通过评课交流活动，解决了老师们开学以来教学方面的一些困惑，明确了今后教学方向。点评过程中，多个教研员提到了小组合作问题不要流于形式，要落到实处，所以接下来的教学中老师们要潜心研究小组合作教学方式，真正发挥小组合作的作用。提高课堂教学水平是我们最重要的职责，无论是青年教师还是老教师，都要致力于认真研究自己的课堂教学。

周四，各兴趣班继续规范地开课。兴趣班的设置是为了给孩子更多的选择，让孩子找到自己兴趣点，更好地培养孩子对学校的热爱，对学习的热爱，也希望老师们认真对待。

周四下午，区教体局召开了市教育局组织的2014年小学四年级语文质量监测反馈会，我校成绩较好。在全部学生都参加的情况下（现六年级学生），总分比区平均分高35个点，比青岛市平均分高6个点，但是我们跟优秀的学校相比，还有一定差距。这也要求我们教学要扎实，努力提高学生各方面的能力和水平。

育人这项职责，更需要我们高度重视。育人表现在方方面面，小到老师的一个表情、一个动作，大到社会环境都会对学生产生影响，所以老师更要注意言行举止，时时处处给孩子一种好的影响。

本周的"创卫"工作保持了良好的势头，希望以此为契机，继续保持这种良好的环境。本周末是中秋节，好多班级的生活课做了月饼，例如一年级五班。少先队也组织三年级的学生进行了自做月饼活动。体育组、学生指导中心利用周六时间带领学生到社区参加活动，这些都是很好的育人策略。

本周也有一些不文明现象，有些同学乱扔纸花；二楼餐厅总会发现有馒头扔到桌子下，而且剩饭菜较多，这些现象有待解决。

尽好职责需要我们更好地提升自己，要积极提高课堂教学水平，育人水平，提高教学成绩，努力争取上各级公开课、示范课，参加优质课比赛，研究总结自己的教学过程，写出一定水平的论文或总结。虽然这个过程是极其不容易的，需要反复磨炼，尤其是一些高层次、高级别的课更要费尽周折，但当我们取得一些成绩后，又是多么高兴与自豪啊！当然这些也会为评高一级职称做好充分准备。

只有尽到自己的职责，并努力争取到更好的成绩，才能申请到更高的职称。而高职称也将更好地督促自己尽更大的职责。与大家共勉！

终生牢记"爱满天下"（第5、6周工作总结）

第五周，我们共上了3天课，最后一天召开了学校第四届秋季运动会。对运动会的筹备及召开，各班主任、体育老师、任课老师都尽职尽责，较好地完成了此项工作。孩子们在运动会上也展示出了良好的精神面貌，更值得表扬的是家长们。他们定制班服，购买帐篷。有些家长还充当起了裁判员、运动员的角色。有的家长全程陪伴，看到这样一个和谐的大家庭，我感到由衷的自豪。这样的一些行动体现了学校"爱满天下"精神。

可是，国庆节期间发生"38元一只的大虾事件"。现在网络媒体、各种小报，特别是微信朋友圈都把这件事吵得沸沸扬扬，各种段子、各种神曲更是极尽可能地讽刺、挖苦。在一定程度上，可以说一只大虾毁了"好客山东"的旅游品牌，损坏了我们青岛国际化旅游城市的形象。

究其原因是多方面的，既有不良商家的缺德行为，更有执法人员的不作为。为什么会出现这样的问题呢？回到教育的层面，那就是现在的人普遍缺乏敬畏之心，缺乏爱心。生长、生活在这一方水土，就应该热爱这个地方。人不代表个体，而往往代表一个地方的形象。做出的行为、说出的话语都应该时刻想到集体形象，维护集体的荣誉。人要有敬畏之心，敬畏天地、敬畏岗位，更要敬畏做人的品牌。人要诚信，要善良，要一诺千金，更要爱家人、爱祖国、爱大自然等。

这种"爱"需要我们从小培养，让孩子们一生牢记我校"爱满天下"的校训。各班可结合这个事件召开一次班队会，让学生谈一谈对此事件的认识，分析原因，分析怎样做才是对的。高年级的同学可以写一篇文章来表达一下想法。借此教育学生终生都要有爱心，都要善良。

爱满天下，推动人类社会的文明进步，是我们教育工作者义不容辞的责任。我们一起努力吧！

紧锣密鼓，一波三折，但剑总是要亮的（第7周工作总结）

人生总是讲求平衡的，有得必有失。在第五、六周痛快地休了7天后，却迎来了连续9天的忙碌。

10月9号、10号我在江苏淮安学习，可是青岛市教育局组织的"戏剧进课堂"现场会就要召开。10号中午，雪峰老师告诉我是19号召开，时间太紧，我们是否要选择承办时，我也是进行着激烈的思想斗争，但是想到这3年来老师的努力与付出，不也正是到了我们亮剑的时候了吗？机会稍纵即逝，我毅然对雪峰老师说："办！我们全校一起努力，相信应该没有问题。"于是本该 11 号上午才回家，我只得 10 号晚上7 点从淮安开车往回赶，到家已近 12 点。

10 月 11 号星期天，学校领导们开始加班了，一起策划整个迎接方案，并实际查看现场，忙了整整一天。

周一上午，我邀请了区教体局体卫艺科王科长、范老师到校给予我们参考意见，此时又接到周二务必提交方案的通知，谁家的方案好，就安排谁家。

这么突然啊？既然选择了检验，就要选择克服困难，无条件准备！

于是孙骋老师又开始执笔写竞选方案，用了一晚上加第二天一上午的时间，争分夺秒，终于在 13 号中午 12 点前把方案发给了教体局。

也就在 13 号的下午，我给全体老师下达了任务，笔记、绘画、教案、文化建设一样一样又一样。美术组、音乐组、后勤组……全校活动起来了。干部们学校领导晚上加班到 8 点半。刘丽、隋艳萍两位老师的孩子也一直在学校陪到了这么晚。用孙骋的话说："找照片找得都有些恶心。"这是多么大的劳动强度啊！其他干部老师的付出也可想而知。

周三，我们不断询问教体局到底怎么安排。最终给的答复是 19 号肯定开不了，下周才到各校实地考察，看谁家准备的好，就定在谁家。哎呀，这不是折腾人吗？

"竞争非常激烈，青岛市实验、崂山麦岛小学、青岛二中，还有市北的学校都在争取。"区教体局领导这句话更令人崩溃。

到底能不能承办？什么时候举行？这决定了我们本周末的进度啊！终于还是忍不住，在周四晚上，我拨通了市教育局体卫艺处赵处长的电话。她说周五下午刚好有时间，可以到我校用一个小时的时间了解一下学校情况。我非常高兴，赵处长能来也算是小有眉目了，但整个晚上我还是清醒的，睡意全无。

周五上午，办公室的老师们又开始忙碌了，准备出了 5 份翔实的学校文字材料。下午 2:30，崔校长准时接赵处长和几位老师进校了。我带着他们实地参观了学校的文化建设，汇报了学校戏剧进课堂的具体做法。领导很满意，提出了一些指导性的意见，当场拍板决定："现场会就在你们学校开！"在场的老师们听了，个个露出了欣慰的笑容，我们悬着的心终于放下了。领导们又给出了大体时间，11 月 11 日左右举行。

剑总是要亮的！只要是好钢，只要用心打磨，就有亮剑的机会。时间还有 3 个周多一点，希望各位老师再用心、认真地打磨自己的宝剑！

集全校之力，以最好的状态迎接"戏剧进课堂"现场会（第 8 周工作总结）

既然决定要亮剑，那就要以最好的状态来迎接。要亮出精致之剑，要亮出锐利之剑，更要亮出夺目之剑。

周一，我邀请了教育界非常有名的大众网金红蕾记者到校，请她以记者的眼光来说一说意见。在一下午的交流中，她给我们提出了许多合理化的建议。

周二早上，我召开了音乐组的教师会议，布置了每个音乐老师负责一个级部，每个级部排练出样本剧，而且要在现场会当天的各个点上着装排练。下午的例会上，我又给全校教师重新布置了任务，而且规定了进度，希望各位老师高度重视。

周四，我参加了区教体局组织的全区学校观摩活动，本次观摩的学校有棘洪滩小学、锦绣小学、程戈庄小学、春雨小学、双埠小学、空港小学，还有北师大青岛附属学校。几家学校各有特色，其中锦绣小学最惹人注目，无论是学校文化的总体构建，还是学校物质文化的呈现以及丰富的学生作品让人耳目一新，学校走廊、教室的美化都让人感觉非常舒服。学校的图片我已给大家发到了微信群里，相信大家都已经看到。我想只要大家肯动脑筋，我们一样也能做到。其他学校如棘洪滩小学的花样跑步、程戈庄小学的剪纸、春雨小学的"博"文化、双埠小学的乒乓操、空港的多彩社团、北师大附小的"和文化"都给人留下了深刻的印象。

这对我校来说是种极大的压力，但我们将把这种压力化作动力，更好地来打造我们这所"有戏"的学校。相信所有的老师都已经动起来了，只是我们要不断开动脑筋，用十二分高度负责的精神来对待这件事，那么胜利就是属于我们的。

另外，提醒我们所有人：用 QQ 和微信与家长交流沟通时，千万要注意措辞和用字，不能出现错别字、语句不通的情况。否则，家长会笑话我们。这样的水平怎么能当老师呢？与家长见面的任何事情老师都要认真对待，不要似同事之间开玩笑。这也反映了我们严谨的治学态度。

另外，周二，我和刘丽老师到 64 中听了一场人大附中杨艳君副校长的关于思维导图的讲座，讲得非常好。思维导图是一种很好的教学工具，也是孩子们很好的学习工具。希望也能在咱们学校尝试，有兴趣的老师可以先了解一下，下一步我们将邀请人大附中的杨校长到我校讲座。

有"你"才有"戏"（第 9 周工作总结）

第九周又是繁忙的一周。

周二，学校迎接了"教育现代化示范区"的区级督导检查，得到的反馈是基本符合各项要求。存在的问题是：第一，职称结构比例不合理；第二，干部教师没有国外培训经历。这两个问题也不是我们短时间内能够解决的。

周三，全体班主任一起到李沧区铜川路小学参观了学校的校园文化，并接受了班级文化建设的培训。

周四，课题研究组到城阳四中进行了"十二五"课题"家校共构和谐教育"的课题答辩会。

本周最大的体会是"教师自身发展的重要性"。

著名的教育家李希贵有本著作《学生第二》，那谁第一呢？想必老师们非常清楚，是你是我，是我们当老师的。周三，全体班主任到李沧区铜川路小学参观学习，除了看到高大上的校舍和极富特色的校园文化外，更意外地收获了铜川路小学引进的人才——李暮光主任给大家进行的班级文化讲座。一个相貌平平，看不出任何特别之处的近50岁的人，2014年从德州来到青岛，这需要多大的毅力，更有多大的才气啊！他的讲座自始至终充斥着一种正能量。从他当音乐老师起，从他当第一年班主任起，从他去干别人不愿干的劳技教师起，他都认认真真地、高质量高水平地完成任务。所以他成功了。他一再强调，这些事都是自己要去干的，而不是校长要我去干的。

是啊，任何一个人的成功都需要自身的强大动力。外力起的作用有，但不大。有句话叫："你永远叫不醒装睡的人。"一辆车子要运行，如果自己在车内不发动马达，不加油，外边再多的人推也推不了多远。所以亲爱的老师们，我们需要自我发展，需要有目标、有规划，有完成目标的强烈欲望，这样才能成功。

当我知道，咱们参评市教学能手初评就"剃光头"时，我有多么难过。当我知道咱们评市名师又被"剃光头"时，我又有多么着急。或许有些老师会说，这是我个人的事，我拿不到这个荣誉也无所谓。可是我们是个集体，你代表的还有集体的利益、集体的形象，当你有能力有水平去争取的时候，你就要努力，这是为集体而战啊！

我们要永远记得："有你，学校才有戏。"

　　"你"代表的是我们学校教师群体的每一个人，"你"或许是刚刚毕业的新教师，你就要勇于向老教师学习，向同行学习，向书本学习。你可以模仿，但一定要有思想，有反思的模仿，要明确教师的职责，要知道教育教学工作的基本规矩，只要你有干好这份工作的愿望，你就能干好，你就有戏。

　　工作3年到5年的老师，你已经有了模式化的工作思路，就要有追求了。在哪方面更突出一些？应该如何更加严格地要求自己，让自己更优秀？目前，栾晓伟、刘玉洁、袁彩霞、李程程、梁泽媛这几位年轻老师，班主任当得都不错，学科教学很有起色，有的也能承担起学校的重要任务了，所以说每个人要努力让自己有戏。

　　工作10年以上的老师，你真的要好好琢磨下自己了。你已经有了足够的经验，只需要突破你自己，就是一位更加优秀的老师了。当然这种突破，需要更大的动力，需要化茧成蝶的毅力，需要优于别人的智慧……但我相信，我们能行，只要我们相互搀扶，共同努力，就会有更大的突破，就不至于"剃光头"了！

　　工作20年左右的老师，你就是学校的标杆，你就是所有教师的榜样。我们的团队往哪走，如何成长，往往取决于你。所以你的一言一行、一举一动都要成示范，你有多么重要啊！

　　让自己成为这个团队中不可或缺的人物是我们的理想和追求，而这并不难实现，只要大家勇于奉献，敢于付出，发挥出自己最大的潜能就没问题。

　　周五下午，我看了每个班的生活课加表演课，也看了大家的录像，总体情况不太满意。觉得大家缺乏思考，也是有感于这件事，才有了上面这些陈述。

　　只有"你"有戏了，学校才有戏，才能实现"人人有戏，人人精彩"的目标。

集体与个人（第10、11周工作总结）

第十周，我在上海复旦大学参加了教体局统一组织的校长培训，进行了一周的封闭学习。我了解了世界政治格局与中国应对，中国新一轮开放和走出去的战略新格局，我国宏观经济形势与转变，全面走进"互联网+"的中国以及学校发展的新思路等，收获颇丰。特别是互联网时代出现的各色"创客"、各种创业模式及各种创新手段，使我受到了极大的震撼。仿佛一夜之间，我们现在拥有的一切都有可能被颠覆。不需要买房、不需要固定的工作，动不动就日收入上万。各种现代化手段充斥在生活的各个方面，你在家看电视，只需动动眼睛，它就会自动换台，换到你想看的节目上。冰箱里的鸡蛋还剩两个了，马上有人敲门，给送鸡蛋来，这是冰箱自己叫人送的。学生不需要上学，想要学什么，各种服务马上到位。神奇吧，这些都令我心惊胆战，害怕自己一夜醒来，成为这个时代的"盲大"，无能力生存了。

其实，这也充分彰显了社会这个大集体与个人的关系。社会发展到今天，当李克强总理提倡全民做"创客"的时候，给了个人极大的发展空间。只要你不做违法的事情，你的思路有多开阔，你的创造能力有多强，都可以充分展示，或获取利润，或取得知名度。这样一个多元的社会为个人的成长提供了巨大的舞台。当然，你必须有足够的能力和水平，而且要不断创新，要不然也会让社会这个大潮淹死的。

第十一周，我们举行了青岛市第三届戏剧节"戏剧与学科融合"现场会暨闭幕式。在全市引起了较大的轰动。市教育局王副局长评价我们"专业性、学术性都很强，余味无穷，戏味很浓"。青岛市各大新闻媒体：青岛日报、半岛都市报、青岛早报、青岛晚报、大众网、半岛网、中国教育网、城阳电视台都给做了翔实报道。青岛市教育局微信平台、城阳区教体局微信平台也推出了情况介绍。最关键的是各学校来参加的人员都认为是种极大的震撼，受到同行认可，也是实属不容易的。

这个活动举行的前前后后，体现出了集体的力量。从接到通知时的策划，到市教育局验收的初次汇报，到11月11日活动的举行，无不浸润着全体教师、学生的心血。

当然，这个集体活动中，每个人的付出也是不一样的。但大家都做到了只要集体需要，我有多大能力，使出多大能力。刘雪峰老师针对这次活动提出了很多创新性意见，排练了教师作品、学生作品，写出了规范性教案。学生指导中心的栾艳艳、陈晓英等老师也带领学生练解说词、练节目等。毕林媛老师带领学生短期内做出了大量剧本故事粘贴画，并装裱上墙。孙骋老师做了最缠人的文化建设，利用休息时间，制作了会议片头，考虑了汇报材料，制作了汇报课件等。刘云丽、隋艳萍、刘丽都准备了相应的课堂教学，但当集体决定前两节课不上时，她俩也没抱怨，也没埋怨。刘丽老师临开会两天接到任务，没有半点推辞，马上进入状态，向与会者展现了一节具有创新理念的课，而且用上了思维导图，令人感动。老师剧社的一帮人既有当班主任的，又有家里有孩子的，但他们放下了个人的利益，勇于完成集体的活动，赢得了掌声，可敬、可佩。

前两周，我写了一篇文章《有你才有戏》。我想说的是，我们生活在这个集体，是一种极大的缘分，正如夫妻两人为了家庭的和谐美好而不断努力一样，每个人都要尽最大可能把个人的力量发挥出来，以不断壮大这个集体的力量。有些看起来像是分外的事情，自己有能力的也要尽一份力量。目前，有好多老师这样做了。例如罗万帅老师的羽毛球打得很好，他每天下午训练校羽毛球队。栾绍倩老师对图书管理有经验，虽然当班主任，仍然尽职尽责地做好图书的借阅、整理工作。梁泽媛老师带了校编剧社。刘海宁老师既要当好班主任，还要领导好全校的数学教学工作。当然，还有很多老师也这样做了，我不再一一列出。我希望看到更多的老师用自己的一技之长，为集体，为学生贡献出自己的力量。

践行就是最好的进步（第12周工作总结）

近段时间，学校倡导思维导图学习法和戏剧冲突教学法，请了人大附中二分校杨艳君副校长专门做了思维导图培训讲座。戏剧教学法是咱们这几个学期以来一直在提的事情，市现场会之前也让大家针对这种做法给自己录一段用这样的教学法上课的情景。市戏剧与学科融合现场会上，我们总结为戏剧冲突教学法，相信大家对于这种教学法也有了初步的思考。

本周是家长开放日，我很随意地到各教室听课，时间不长，10分钟左右。我很感动的是有好几位老师在尝试运用这些办法。3.5班袁彩霞老师的数学课，她讲的是四则混合运算，在学习了各种类型的混合运算方法后，老师来总结运算法则时，画出了思维导图，并布置学生课下时间自己画图总结出混合运算的形式和方法。试想，如果学生能自己总结出来，那印象肯定是很深刻的。栾淑红主任听5.3班陈振的课，她把戏剧与数学课融合，用"长方形过生日"这个小剧展示出长方形与正方形、三角形、平行四边形、梯形等的关系，让学生有了直观且形象的记忆。4.2班梁泽源老师组织了学生在阅读中用了思维导图，读书笔记在班级展览。这些老师都在践行着学校的教育理念与要求，这是很好的事情。当然这种践行必须是有思考的，不是简单的模仿。

其他的课也体现了教师努力实践，不断提高自己的课堂教学水平的精神。

3.1班的数学老师彭伟光，4.1班数学老师张晓婷，两人的课都能体现出小组合作学习，先学后教，体现了学生自主、合作、探究的学习精神。3.3班的王震老师虽然年轻，并且第一次面对家长上课，从容淡定，一句"家长们的到来令我们的教室蓬荜生辉"一下子拉近了与家长的距离。板书"小稻秧脱险记"粉笔字清秀、刚劲有力，立刻令我和家长们刮目相看。她的朗诵惟妙惟肖，把孩子们带到了故事情境中。家长们啧啧称赞。3.4班上课的是王双林老师，整节课用英语与孩子们交流，孩子们听得懂，说明她每一节课都在这样进行。

课堂是我们的主阵地，这也是最能体现我们的能力和水平的地方。大家每上一节课，都要认真思考，哪种办法更能让孩子们接受知识，更有实效性，让孩子们在课堂的每一分钟都有收获。我想只有在思考中践行，才能不断提升自己。进步就是在这不断的琢磨与思考中潜移默化地形成的。

另外，本周的家长开放日活动已经结束，家长会上让家长、孩子现身说法是一种很好的实践。从进行情况来看，本次开放日活动存在一定的问题，各部门协调方面也存在问题，希望以后对此事要引起重视。王双琳老师在学校人员安排有困难的情况下，勇于挑起重担，周二接过了2.2班主任，周三就成功召开了家长会，提出表扬。

爱与责任（第13周工作总结）

写下这个题目，我心中老大的不愿意，因为这个题目太古老了。我在刚参加工作时，就用这个题目参加了一次演讲比赛。而现在我不得不仍然用这个题目，因为这是我们当教师的永远的、最本质的本分。

周二下午，我在城阳区第三实验小学督导完，回到学校，忙着策划市教育局局长观摩的事情。孙骋告诉我，有个学生被人抱走了。我心想不可能的事，肯定又是搞错了。可4点半左右，校门口来了警车，民警、刑警都来了，我知道这是真的了，再一看监控录像中一对男女，女的戴着口罩，穿着大面包服，从校车上抱下孩子，快速离开了学校。车上只留下了孩子的书包和外衣。车上的其他孩子说，孩子哭了。哎呀！

这是怎么回事？我懵了，这么多的家长都在，孩子怎么不叫啊？校车司机为什么不在车上，跟车老师又哪里去了？为什么像在电视剧里看到的情节，在现实中真的发生了？崔校长告诉我，有可能是他妈妈来把他带走的，可孩子的亲属又说不像他妈妈。我的心提到了嗓子眼，这可不是个小事，即使是他妈妈策划的事情，我们也是有责任的啊！6点多，刑警们带亲属回去录口供了，我们也不得不上报教体局。韩艳丽、方卉几个老师都没走。韩艳丽一直在流眼泪，说："就像是自己的孩子被抱走一样。"

晚上，我一宿没睡，也不是考虑自己要负多少责任的问题，而是就像韩艳丽说的，就好像自己的孩子被人抱走了，想象着他在遭受的各种磨难，想象着他在无力地挣扎，眼泪不由得就流下来。

第二天早晨，抓紧时间落实了孩子的奶奶，果然被他妈妈带走了，当晚就带到了河北。孩子没事，一切都好说。原来这是一个特殊家庭的孩子，父亲不在家，母亲也离家出走3年多了，孩子一直由奶奶抚养。奶奶不让他母亲带走孩子，他母亲只好来学校"偷"了。

这件事情虽然有惊无险，却给我们敲响了警钟，我们的管理还是存在漏洞的。我们做任何一件事情，都要想到学生，甚至把学生当作自己的孩子一样，让他们安全、健康，学到他该学的知识。

分工到位，责任到位，管理到位是我们的爱与责任；了解学生家庭情况，有的放矢地进行教育是我们的爱与责任；教给学生自我保护的办法是我们的爱与责任；时时处处想到孩子可能遇到危险是我们的爱与责任；上好每一节课，哪怕我是为别人带的课也要认真上好是我们的爱与责任；每一项活动或者每一个时间段都让孩子受益是我们的爱与责任；保障好孩子的吃饭问题是我们的爱与责任；把自己的事情安排在节假日，尽量不请事假是我们的爱与责任；调整好自己的身体和心理，尽量不请病假是我们的爱与责任；叮嘱孩子们饭前洗手，督促孩子们认真吃饭是我们的爱与责任；冬天，提醒学生走路时拿出手，以免摔倒也是我们的爱与责任。

总之，与孩子们有关的任何一件事都要想到我们的爱与责任，而且这份爱与责任还需要我们智慧的处理，我们的校训"爱·智"大家还是要装在心里的。

周三，学校迎接了区教体局3年发展规划的督导，干部们高度重视这件事情，分工合理、接待到位、档案翔实；老师们也认真准备了课堂展示。督导组成员给予了很好的评价。当然，课堂教学是我们一直努力的方向，有遗憾也是正常的，我们也应该努力提升自己，在这块主阵地上呈现出我们的能力和水平，这也是我们的爱与责任。

在不断的学习中提升自己（第14周工作总结）

我本周在外督导了3天，也学习了3天，其中上马小学的养成教育给我留下了深刻的印象。课堂上学生都有良好的坐姿，读书有读书的样，写字有写字的样，举手有举手的样，站立有站立的样，且回答问题精神饱满，声音洪亮。课间学生在走廊上没有跑的、跳的，要下楼只要是两个人，便自然成行，三人成列。放学时，教室内站队，两排，整整齐齐地走出教室、走出走廊，走出教学楼，走出校门外大约100米的地方还跟在校内走一样整齐，直到走到路口被家长接走。全校学生走出要15分钟。这不得不令我佩服学校的这种强化训练。

想想咱们，操场跑操，有些班级是乱的；带队伍到食堂吃饭，短短的距离，队伍还是乱的；放学时，站的队伍也是乱的。别的学校好的做法，值得我们学习，下一步将安排相关的部门外出学习。

周二下午，针对上周督导检查组老师提出的新教师的问题，孙淑清老师带领低年级语文组重新备课，王艳老师又重新上了一节课。这两节课区别非常大，王艳老师的进步是较大的。（其实王艳老师的孩子上周就感冒了，引起肺炎，一直在住院治疗。督导检查组老师来听课时，王艳老师还是勇于接受了任务。本周再上课也没有推辞，而且孩子住院两周，她一次假都没请。）之后，低年级组再一次磨课，牛欢老师又上了这节课，进步也很大。年轻老师真的需要在这一次次的磨课中锤炼自己。其他教研组也要积极开展磨课活动。

周三下午，戏剧教研组又组织了一次培训活动，刘雪峰主任安排了三年级王震老师上了一节戏剧排练课，她进行了现场指导。王震准备得很认真，雪峰主任指导得很专业。现场不时传出老师和同学们的阵阵笑声。在提交的总结中，听课老师纷纷表示通过这节课知道怎样进行排练了，抓好语言、肢体表情、体会角色像不像是排练时要抓好的三大"硬功夫"。老师们受益匪浅，都希望能够多举行几次这样的活动，好好学习经验。相信通过这样的培训，每个班的戏剧表演水平会越来越高。

周四，铜川路小学李曙光主任带领"曙光工作室成员"到学校参观了校园文化，牛靖一和林艳两位班主任介绍了自己班级建设的经验，获得了铜川路小学和小水小学班主任的一致好评。

教师的职业是辛苦的，表现之一就是必须每天学习，因为孩子们每天都是新的，他们的语言、行为、思想每天都在发生变化。这就要求我们不断学习来充实自己，以跟得上孩子们的变化。相互学习、共同提高，是我们最大的理想。而这理想要实现，个体必须有动力，有自我发展的愿望，俗语说"叫不醒装睡的人"，如果自己不努力，别人是帮不上忙的。

在雪峰主任指导完戏剧排练课后，说了一句："我和孩子们玩得很嗨。"是啊，每节课，如果我们能和孩子们玩起来，而孩子们又能从中学到知识，培养起情感，各项能力得到提升，那是多么理想的课堂状态啊！

周五，干部会议又制订了几项促进教师读书的计划。一是在 2016 年 1 月份进行学习教育文摘的考试；二是教师要认真阅读自定的教育教学刊物，并写出一篇从本刊物中有哪些受益的文章（让老师自定刊物也是一种福利。现在学校中最大的福利就是培训）。三是成立陶行知研究会，阅读陶行知书籍，学习陶行知精神，让行知精神更好地在我校发扬光大。

真心希望，我们能在这不断学习中，努力提升自己，早日成为一名优秀的人民教师。

立标准严要求抓落实（第 15 周工作总结）

我上两周在外校督导，到了 8 所学校，认真地观看了各校的情况，觉得每所学校都有自己的优点，都有值得我们学习的地方，这不得不使我静下心来，做认真的反省与思考。

我校这 4 年多来，发展迅速，先后获得了青岛市规范化学校、青岛市标准化学校、青岛市现代化学校、山东省规范化学校、青岛市海洋教育特色学校等荣誉，但是在这些荣誉的背后，我们的工作还存在很多不尽如人意的地方。

早晨，孩子到校在校园里走成一条线非常好，但上楼梯的时候，队伍就变样了，不成排不成列了；课间在走廊上学生大声吵闹，你追我，我撵你；课间操带队没有做到快、静、齐；学生做操队伍后面的同学总有一部分不认真做，各玩各的；中午就餐带队秩序好转，但吃饭时室内声音嘈杂；下午放学，队伍也不整齐；教室内桌椅歪歪扭扭如溃败之军等，这些都需要我们给学生一个标准。下一步教学研究指导中心、体育组等都要制定出相应的标准要求，如《天泰城学校在校生一日常规》《天泰城学校路队的标准与要求》等。最好能建立一个学生管理手册，标准和评价都在这本手册上。

周二、周三，我听了两天课，主要是新教师的课。应该说，这些新教师基本功比较扎实，个人素质也较高，并能够实践学校的一些要求。课堂上思路还算清晰，目的明确，重点也突出，也能用多种方法加强学生训练。但课堂上还是能够看出学生习惯养成需加强。督导检查组老师的讲座中，也要求学生学习习惯的培养是贯穿小学 6 年自始至终的任务，要时刻注意学生坐的姿势、执笔的姿势、读书的习惯、写字的习惯等。另外，有些学生回答问题声音偏小，不会表达，精气神欠缺，这也要求每个教师在课堂上要立标准、严要求、抓落实。

教师在成长的过程中大致要经历 4 个阶段：新手教师、合格教师、骨干教师和品牌教师，而且成阶梯式发展。这就要求每个阶梯的教师都有相应的标准、职责和成长要求，教师发展中心和教学管理中心要着手制定。

安全管理和"三全一体"网格化管理运行较好，但还是要注意多提醒多督查。

绩效管理评价是最让人头疼的事，一是班主任的绩效评价，二是全体教师的评价，本学期末这些标准的制定都要到位。

这两天我又在看学校的规划：编制学校质量管理手册，建立课堂教学常规、德育工作常规、科研常规、班级年级管理常规、教师发展常规、家校合作常规、后勤服务常规、安全管理常规八大常规。我也查了学校的制度，厚厚的一大本，每一部分也都要有要求，关键还是抓好落实。

这就要求我们，没标准的抓紧时间立标准，有标准的就要严格要求，抓好落实。

总结督查观摩（第 16 周工作总结）

总结，督查，观摩，这是第 16 周的几个关键词。

　　周一上午，全体行政干部每人用 3—5 分钟时间，总结了自己所分管工作的 2015 年总结和 2016 年打算。每位干部实事求是地陈述了 2015 所取得成绩，指出了存在的问题，并对 2016 年工作做了总体打算。

　　周一下午，教体局赵局长亲自召开会议要求各学校汇报共同体建设情况。我代表"天泰—小水—丹山"共同体做了 8 分钟的交流发言。

　　周二上午，教体局办公室苟主任和普教科万科长到学校督查了市教育局观摩的事情。

　　周二下午，我到教体局参加了局机关科长述职会并进行评议。

　　周三上午，我又到了教体局参加了 3D 打印签字仪式。

　　周四，学校师生员工、家长都进行了观摩前的最后准备，特别是崔校长带领着一帮男教师全身心地投入卫生打扫中。牛浩、刘波踩到校车上，给大厅的玻璃幕擦洗。天冷，水很快结冰，他们的手冻得通红，但仍然坚持擦干净。一、二楼的玻璃也由他们几个人干的，直到晚上 6 点多才结束。关键时候，男士们还是能拼上去的。毕林媛、蹇慧玲不断接到各种任务，涂门、涂窗，安排画板，画指示牌等。全校同心协力，做了极好的准备。

　　周五，刚到 8 点半，市教育局邓云锋局长就到了，先和教体局赵局长到操场看了看（这不在规划路线中，我有些担心，好在我们的卫生还算很好），随后到接待室交流。9 点，观摩正式开始，我带领市教育局各室领导及各县市区教育局局长和分管副局长、教育科科长等 60 多人，还有媒体 20 多个人，从行知文化教育馆开始解说，观摩了"书馨厅"，看了孩子们的手工作品，到多功能厅欣赏了"123 儿童剧社"的演员演的《猴吃西瓜》及数学与学科融合的展示"长方形过生日"。从多功能厅出来，介绍了"有你就有戏"的教师文化和班级文化建设，随后参观了"123 儿童剧社"、鸟类科普教育基地（3.5 的林雅文同学做了娴熟的解说），来到"天天小剧场"（5.2 的尹振宇做了精彩的解说）、大厅的理念墙。最后把领导们送出了大门，一路邓局长连连点头，在与我握手告别时说："你们学校的特色已经很明显了。"

"这所学校很有味道。"许多记者观摩后说。

随后在下午的集中开会时，邓局长做了总结。邓局长对本次教育观摩活动给予充分肯定，他指出现场观摩的 3 所学校以鲜明的办学理念为载体，推动了学校办学模式的创新和学校的建设发展、育人成果的彰显。城阳区天泰城学校的"戏"，推行陶行知先生的教育即生活的育人理念，把教育融入生活，通过戏剧化的教学方式提高课堂教学效率。这样的评价对我们是极大的鼓舞。

观摩活动圆满结束了，我们也向领导们交出了一份满意的答卷。教体局的仇书记给我发短信，用了"wonderful"这个词。

学校就是在这一次次的总结、督查、观摩中成长起来了！

再次感谢大家，大家辛苦了！

写完这篇文章正值圣诞节，祝大家圣诞快乐！

教育戏剧在我校落地、生根、开花、结果（第 17 周工作总结）

对孩子们来说是快乐的一周，高兴的一周，尽情展现自我的一周，也是激烈竞争的一周。

戏剧节在本周火热地开展起来了。

周一下午，天泰城学校第四届戏剧节一、二年级专场开戏，一年级统一排练了样本剧《玩具的控诉》。这个小剧是由雪峰主任自主创编的一个作品，主要是培养学生要爱惜文具、玩具的良好习惯。二年级的各个班自行编排了各具特色的作品。

周二下午，进行了三、四年级专场。

周三下午，进行了五、六年级专场。

每天下午，校园里就像过年一样热闹，孩子们快乐，家长们高兴。

各班的老师、家长也做了充分的准备：服装、道具、音乐都比较到位。孩子们也尽情表现，以期让本班得到一个好成绩。最终经过激烈的角逐，一年级三班、二年级三班、三年级三班、四年级四班、五年级一班、五年级三班获得了一等奖。

台上的竞争异常激烈，而台下的竞争更是如火如荼。从周二开始，微信平台推出了第四届戏剧节各班海报最具人气奖的评选。微信推出的当晚，我的手机已被刷屏，老师们齐忙活。当晚，关注就由原来的1000增加到了6000，到周四中午结束时，有些班级的票数已经到了2000多，最终学校微信平台的关注已达20000，令我们欢欣鼓舞。其实我们举办活动的目的主要是激发学生对戏剧的兴趣，加大家长的关注力度，提高学校的知名度。应该说大家操作得很好，目的基本达到。

自2013年雪峰排练的舞台剧《1234567》获得省一等奖的第一名开始，全校师生就扭成一股绳朝着戏剧特色的发展路子迈进。2013年底，各班成立剧社，当时各班主任精彩的陈述了自己班的剧社名称。2014年6月，学校成立了校级剧社"123（do re mi）儿童剧社"，雪峰主任亲任社长，带领着剧社的成员们排练了《猴吃西瓜》。经过两年的精心打造，艰苦磨炼，我们的演员演的小猴子几乎达到了炉火纯青的地步，各级领导都非常认可，就连市南区的校长也连竖大拇指，并且说不亚于中央台春晚的节目。当然，这个舞台剧也获得了全国第五届文艺展演的奖项。

与此同时，各班排练的剧目也有了极大的发展，一年比一年好。老师们在这个过程中也不断摸索经验，从一开始的一筹莫展，到现在基本上能排出还算成熟的作品，进步非常大。而且部分年轻教师能亲自上场，自己演出作品，真的是令人佩服。这些都促进了咱们学校的戏剧特色快速发展。

2015年的市戏剧节现场会，再一次促进了戏剧特色的纵向深入，戏剧冲突教学法的提出使这个特色更具学术味，也为这个特色的持续发展、深入发展奠定基础。

邓局长带队观摩。扩大了咱们学校特色的影响力，邓局长也说，"你们学校的特色已经很明显了"。

现在可以说，教育戏剧已经在我校生根、发芽、开花、结果。适逢国务院办公厅发文关于全面加强和改进学校美育工作的意见，要求戏剧、戏曲进课堂，这给了咱们更大的机遇和挑战。如果能抓住这次机遇再进步一点，那么将结出更大的果子，老师们也会因此更加受益。

在忙忙碌碌中迎接 2016 新年的到来（第 18 周工作总结）

本周是 2015 年的最后一周了，只有 4 个工作日，可这 4 天却是繁忙、紧张而仓促的。

周一上午，我把上周四领导干部例会商定的寒假前工作安排又仔细修改了一遍，以确保下午发给每个教师。下午，在收到市南区将有 40 多名校长周二上午到校观摩的准确信息后，调整了观摩路线，重新布置了迎接观摩的任务，各负责人也紧张地忙碌起来。下午 4 点，组织了全体教师会，布置了放寒假前的几项大任务。会议结束，我又把第二天观摩的解说稿重新修改并打印出来，回到家也已经 6 点多。

周二上午 8:20，市南区教育局组织的全区 40 多名校长走进了校园，我也开始带领他们进行观摩，直到 9 点半多，他们离开。当然观摩效果还是很好的。

回到办公室，马上联系原本定好的周三下午的戏剧节闭幕式已邀请的领导，结果由于他们这个开会、那个有检查，只能把活动推到周四上午。正在我不断联系的时候，晓婷给我送了份文件，青岛市教育局教研室关于申请成为学科教学基地的答辩安排。我校前期申请了地校学科的教学基地，已过了初审关，现进行第二轮的答辩关，时间就安排在周三下午 1 点。我的天，我一点也没准备，而且事情这么多，我有些紧张了。下午，我开始着手想周四的活动细节，又考虑到周四的活动各班的家委会主任可能会来参加，何不借此机会召开家委会会议，估计社会化评价也快了，也应该布置给家委会了。于是，找来栾主任商议安排此事。3 点左右晓婷又来告诉我，接到教体局老干部科电话，明天上午 9 点半，关工委的于主席和司法局领导要来。我立即反应："晓婷，你马上让隋校长安排人把行知教育馆的板子换成学雷锋板块，然后再通知栾绍倩让她准备他们班的剧。明天有可能于主席要看。"他们走后，我有些恍惚了，大脑也混乱了，总感觉好多事忘了，可想起哪件事都头疼。常常猛然想起今天是周几了，是不是明天就该庆元旦了。恍惚中，一下午就过去了，真想抓住时间，别让时间往前跑了。

周三，匆匆吃了早饭，回到办公室，以前的物业老总已在门口等候了，肯定是来要钱的。不管有与没有，得请人进办公室吧，与他限定时间，9 点必须离开。叫上宋志刚，赶快给人清算，欠人多少钱，做个了断。抓紧时间看栾主任给我准备的资料，还不到 10 分钟，门卫打电话司法局来人了，哎！直到 11 点多她老人家才离开，我长舒一口气，赶快看准备好的答辩材料，并让他们准备好 5 份材料，好现场交给评委。我急急忙忙赶到餐厅，吃了两个包子。11 点半多点，出校门打车赶到大学路小学，等了半个小时，领导开会，强调规则，抓阄确定答辩顺序。亏我抽到 3 号，还算比较早地进行了，加上很多的工作都在我脑子里装着，所以答辩很顺利。出来在回校的路上，觉得浑身有些松软，但我告诫自己，还有更重要的事情等着呢，不能趴下。

回到学校，马上研究第二天的家委会主任会议，在办公室遇到方卉老师，匆匆地问："你们预演了吗？"方卉说刚结束，明天的演出，我算放心了。

周四，2015 年的最后一天，到校后，宋志刚没在值班，好在雪峰来得早，在门口照看了一会儿，让雪峰进去，随后便回办公室准备当天的几个发言。8 点准时召开了家委会主任会议，9 点会议结束，赶到餐厅，看学生们包饺子比赛。9:20，教体局张局长和徐主任就到了。我带他们到餐厅看了看，等到 9:30，区妇联宋主席也来了。我又带他们参观了行知教育馆、"123 儿童剧社""天天小剧场"等，最后到多功能厅观看了学校的第四届戏剧节的闭幕式和迎新年文艺演出。中午和领导们一起在餐厅就餐。1 点多领导们离开了，我也投入了下一个战斗。

下午又到每个班级进行了团体拜年活动。活动结束回到办公室，真的是浑身没劲了，一动也不想动。4 点，崔校长又叫我巡查各班的安全情况，我真的是跟跟跄跄走下来的。

细细想来，也埋怨自己何必那么要好。不请领导来，不就不用那么麻烦了？我知道，我的忙也是全体领导干部、全体教师忙的一个缩影，如果我们不要好，大家也都不用跟着忙了。可我们不要好能行吗？好在这几个大活动都取得了圆满的结果，个中有遗憾的地方，但瑕不掩瑜。大家辛苦了！

晚上，跨年夜了，我参加了自己喜爱的一项活动，心情好起来了，手气也好起来了，2016 的凌晨抢了海宁的红包，居然手气最佳，一切都好起来了！

一元复始，万象更新，其实就是那句最豪迈的话：大不了从头再来！

周五，2016 年开始了，我带班，在办公室写下这篇文章。

2016，我们将从头再来，依旧会很辛苦，但我们依旧会很幸福！

二、体悟"有戏"成长心得

人生如戏，在教育的这个舞台上，我已经"做念唱打"30 载，其间经历的酸甜苦辣咸无数。但回头看看，每种经历都是一笔财富。

难忘两三事

尤其记得 1999 年，参加第一次竞争上岗，已经不记得当时的现场提问的问题了，只记得当时站在台上，在说领导干部得以身作则时，引用了"其身正，不令而行；其身不正，虽令不从"这句话时，一下说绕嘴了。这一紧张，大脑更发蒙了，翻来覆去，怎么也说不明白。自己闹了个大红脸，那尴尬的场面至今还记忆犹新。之后更加发奋读书，弥补自己的不足。我找出了刚参加工作时师范的朋友推荐的《演讲与口才》的杂志重新研读，并马上到邮局重新定上了这份刊物。

人都是会有紧张情绪的，尤其我们这些农村孩子从小没有得到这方面的培养，站在台中央，面对那么多评委，即兴发表观点，是一件极其考验人的事情。

第一次的舞台失败，我奋发图强，努力学习，激发起的斗志给后面的多次竞争上岗取得成功奠定了基础。2000 年暑假的再一次竞争上岗，让我走上了中华埠小学校长的岗位；2011 年的区直学校竞聘，我又以第一名的成绩，成为城阳区历史上从街道学校的校长直接竞聘为区直学校校长的首例。2013 年的校长岗位全退竞进，我又以小学组第一名的成绩继续担任校长工作。有些时候，失败不一定是坏事，要用一种平和的心态来对待，查找自己的不足，并努力弥补。

2013 年，天泰城学校已经成立 2 年。在行知文化的引领下，学校做了很多工作，欲成立青岛市行知实验学校，在与青岛市陶行知研究会商讨出方案后，便和局分管副局长打了报告，分管副局长非常赞同，我也提出"天泰城学校成立 2 年多了，隔城区又远，很多校长不知道这所学校在哪。再说，我这次活动邀请了南京市陶行知馆的首任馆长，晓庄师范的办公室原主任汤翠英女士来讲座，我想邀请区内的校长们来参加这个活动"的要求。分管副局长痛快答应"让办公室下通知吧"。

第二天，区内校长们到天泰城学校开会的通知便发了下来，我在学校进行了全力的准备。我们把 80 多岁的汤翠英老师提前一天从南京接了过来。开会的当天清晨，陶行知研究会的周加惠会长来了，中国教育学会青岛市分会的王言吉副会长、翟广顺研究员也来了，该准备的都准备好了。我兴高采烈地走进了偌大的会场，前面的孩子们已经做好，后面的家长也静静地等待着，而中间校长们的座位却空空如也。这是怎么回事？离开会还有不到半小时，校长怎么一个也没到呢？我立马打电话给答应参会的分管副局长，他很快接了电话，说："我到门口了，马上就到。"我说了校长一个没来的事，他马上说："我问一下。"

回到办公室的我，眼泪一下子掉了下来，天泰集团分管教育的梁总，也跟进了办公室，看到了我流泪的样子，安慰我说："坚强一点，什么事都能过去！"我看到这位经历过青岛市旅游学校校长，到青岛市旅游局副局长，然后又到天泰集团做副总的大姐那坚定的表情。在一波汹涌的泪水流过后，我擦干眼泪，开始安排补救措施，让全体教师安排好班级管理，全部到多功能厅参加会议，而距开会前 5 分钟，在分管局长的安排下，隔着近的夏庄街道的、流亭街道的校长陆续赶来了。

会议如期开始，按部就班地按照程序一项一项地进行着，参观了学校的展馆行知大课堂后，在多功能厅，张局长代表教体局进行了致辞，举行了"行知实验校"的揭牌仪式，我做了《在有根的教育中打造特色学校》的发言。

交流环节，王言吉会长做了《一所学校需要站在历史的高点前行》的讲话，使我非常感动。他的发言稿，我保留至今。随后，汤翠英老师进行了一个多小时的陶行知精神讲座。

老师和家长们在兴奋与激动中参加了这次会议，会议取得了圆满成功。我发完言，回到座位上，便收到了道歉短信，因局两个会议安排重了，两个会议都不用校长参加了。局里头天下午下了通知，唯独没有通知天泰城学校。

会后张局长也对这件事做了批评，他说"这是个多好的校长学习机会啊！"我知道，这件事情责任在我，如何沟通、协调各层面的关系的协调能力本来就是我的短板，在街道学校的层面还能应付，但在更大的平台上就显出了自己的欠缺。之后的每件事情我都提前打听、询问，力争在局里的这个层面做事更规范，更合乎程序。在我慢慢熟悉区直层面这个大舞台的过程中，加上我要强好胜、不甘落后的个性，让不少老师也跟着受了"委屈"，感恩老师们的理解。

失败是成功之母，但失败不是让人沉沦的理由，它应该成为前进的动力，或许人就是在一次次的失败面前才能完成华丽的蜕变。总有一天，你所经历的苦难，会照亮你前行的道路。

2014年2月份，城阳区教育体育局组织2013年竞进的校长述职，这也是我从街道学校进入区直学校后面对局领导及全体教育同仁的第一次亮相，我格外重视，从课件到稿子都做了精心准备。

我满怀信心地走上了讲台，课件出示后，在马（2013年为中国马年）的鸣叫声中伴随着骏马奔驰而过的动画，我开始了《我们学校有"戏"》的述职，吸引眼球的动画，别具一格的标题，引起了全场的关注，而我面带微笑，坚定地迎着在场所有领导与同仁审视的目光，娓娓道起2013年学校的所有工作，2014年的重点计划。也就是在那次会上，我第一次提出打造有"戏"学校的理念，从开启学校特色大戏，唱好新学年的开场戏、重头戏、常规戏等几方面做了阐释发言。在发言结束时，我是这样说的："天泰城学校是个风水宝地，吸引了大批的青年女教师加入，2013年已经有了3个马宝宝，2014年将会迎来5个羊宝宝，就师资力量的后继乏人的问题，求助教体局帮助解决，否则再有'戏'

的学校也就没'戏'了。"

在说这段话时,我两眼盯着局长,很担心他会生气,毕竟在这么多人面前提这样的问题。可当我看到在全场人的笑声中,他也笑了,我放心了。在述职结束后的总结环节,局长说:"天泰城学校的王校长提的问题大家应该引起足够的重视,人事科也作为课题认真研究。"(没想到,两年后,放开了二胎政策,师资力量的问题也成为每一所学校面临的实际困难。)

这次会议给了我极大的信心,在师范学校学习时曾经连去找老师借录音机都紧张地说不明白话的人,今天能在这么大的场合信心满满地脱稿演讲,而且得到领导和同事的认可,真的令我振奋,对今后的发展更是信心满满。

2014年的暑假,在干部培训班上,我做了学校教育创新成果介绍。2015年的暑假培训班,领导又安排我做如何制订学校规划的培训,我说"我去年已经讲过了,今年就不讲了吧!"可领导说:"去年和今年的内容不一样,天泰城学校的规划制订得切实可行,促进了学校特色发展,大家有目共睹,你还是把经验分享出来吧!"在那次培训会上,我以《规划——成就了一所有"戏"的学校》为题,进行了学校规划的交流,交流结束后回到原座位上,局长转过头笑着对我说:"可以背个笔记本出去讲座了。"当时激动的心情,现在都无法描述。

天泰城学校6年的经历,可以说是我转变最大的6年,它让我从一个自己摸着石头过河的、懵懂的、没有套路的农村学校校长,逐渐走到一个讲规划、讲体系、讲方案、讲路径、讲措施的有条理的校长。我从2012年有幸结识了中国教育科学研究院的王磊主任、陈如平所长等教育大家,跟随着他们的步伐,如饥似渴地学习着、前进着,研究学校管理策略,学校文化的内生、课程再造、全面育人,系统建构。

2015年3月,中国教育科学院基础教育研究所与宁波市北仑区签署培训协议，整体对整个区进行学校特色打造培训，陈如平主任给我打电话，说："你来给他们做个案例分析吧！"我诧异地说："我？能行吗？""怎么不行？你来就行！"

在陈主任的鼓励下，面对宁波市北仑区的全体中小学校长、幼儿园的园长，结合天泰城学校的实际情况，我对学校如何进行规划的制订和特色的打造，进行案例分析。因为有陈主任在前面打头阵，我又讲的是自己真实干的事情，也就没有紧张和不安的情绪，一个半小时的交流很顺利地完成任务。

参加这次培训，也确实让我不安过，教科院一行专家们到区内学校现场指导时，我却发现每个学校都有自己独有的特色，如北仑区淮河小学的可能教育，校长郑蔚给我留下了深刻的印象，还有尉斗小学的尉斗足迹，还有另一所学校的好玩教育等。

每一所学校建筑风格、文化建设等方面都有自己独特的一面，都值得我学习。我跟陈主任交流："我哪是来给他们做培训的，我是来学习的。"这样的外出交流给了我更多的学习机会，让我拓展了视野，拓宽了思路，提高了境界，在学校建设中也有了更多的思考。

印象深刻的是2015年5月，受陈主任再一次邀请到广州荔湾区进行培训。这一次是和青岛44中张青涛校长同去的，我讲学校规划建设，她讲学校章程建设。

那个季节应该是广州的梅雨季节，小雨一直淅淅沥沥地下着。那天的讲座是在荔湾一中，陈主任讲完后，张青涛校长开始讲学校章程建设。等我上台后已剩下不到一个小时的时间，本就有些心急，这时，雨越下越大，豆大的雨点打在多功能厅的顶上，啪啪的声音传来，我的语速也跟着这啪啪的雨滴声越来越快，后来我都听不到自己的声音，只听到啪啪的雨声。当然也就在规定的时间完成了任务。下来后陈主任评价说："遇到啥事情，也要沉着、冷静。不过讲得还是不错的，再历练一下可以在全国的层面讲了。"我一下子羞红了脸。

结果那天真来了暴风雨，第二天应该返回的飞机也被取消，我们一行只得在广州待了两天。这一次与青涛校长同住一个房间，真切地感受到了她对书的痴迷，原定只待两晚上的出差，她带了五六本书。只要一进房间，她第一件事就会拿出书来读，那种读书精神令我佩服，也成为我学习的榜样。

几年来，我到过宁波、广州这些地区交流过，也到过贵州，与贵州毕节的学校结成手拉手关系；到过甘肃，与甘肃成县学校成为姊妹校；在青葵花基金会的安排下去过四川广元、昭化；也在支教岛的安排下去过菏泽等省内学校。每年接待来自贵州、云南、甘肃等地区以及省内的观摩团多达十几次，每月至少一次。

也就是在这一次次的交流中，我变得越来越成熟，虽然外出与接待是"苦"差事，但我越来越享受到教育之快乐。每有参观团来，只要没有出差任务，我都会安排时间与参观者亲自交流。留下微信的校长们也成为朋友，只要有疑问，我都会耐心回答。

2018 年，青岛市陶行知研究会改选，我也荣幸地成为副会长。

家长感悟

金杯银杯不如家长的口碑，在教育的舞台上享受更多的是来自家长们的认可。

开启有戏的人生（五年级四班薛境心妈妈张辉）

从幼儿园步入小学，孩子开始了日新月异的学习生活，我们充满着期待，期待看到这株幼嫩的树苗成长。一晃 5 年过去了，我们收获了太多的惊喜，知识的积累，体魄的健壮，心智的成长，品格的养成，虽然孩子也还有很多成长和进步的空间，但是至今的收获，让我们不禁感慨。5 年来，孩子在接受优良学校教育的同时，能够参与学校剧社的排练和演出是幸运的。

从小的鼓励和表扬式教育理念，让孩子极少听到批评，一直处在比较优越的位置，别人几句不好听的话都有可能让他感到难以承受。作为家长，难免会担心孩子将来的挫折承受力以及抗压的能力。没想到几年来舞台剧的排练很大程度上消除了我们的担忧，孩子面对挫折和批评的态度有了明显改观。

参加舞台剧的排练，老师的要求比较严格。排练的时候，经常为了准确表现角色的心理和情绪，每个眼神、每个表情都要反反复复地练习，刚开始孩子很难适应，被老师批评了就非常沮丧，甚至动过逃避的念头。多亏刘老师很快发现了孩子的这一特点，采取适度的批评之后发现进步立刻给予恰到好处的肯定。

几年下来，孩子已经不再害怕面对失败和挫折，也能理智地看待自己的错误。这一改变也反映到生活当中，我的感觉就是小伙子更加坚强，也有韧性了。现在除了智商和情商，孩子的逆商培养也正在被越来越多的家长认可。对此，不得不说，参加舞台剧的训练是个很好的平台。

除了学习，我们家长都会想办法让孩子走出家门，去看看世界，开阔视野，锻炼自我。这一点也从参与舞台剧的演出中获益良多，这几年孩子参演的舞台剧多次参加城阳区、青岛市和山东省的各种比赛，还有幸登上了青岛大剧院的舞台。开阔眼界的同时，孩子的快速适应能力得到了很好的锻炼。现在即使来到陌生的环境，面对新的挑战，也不会出现手足无措的情况，基本上可以比较镇定地调整自己的状态，很快地适应新的环境。有了这样的经历，相信我们的孩子面对独自飞翔的那一天时定可以更加从容和自信。

这是一所有戏的学校，孩子们在这里开启自己的精彩人生，每个孩子都是主角，每一部戏都是值得期待的，我们要做的就是配合着他的脚步，然后静静地欣赏这一部属于孩子自己的人生成长剧目！

一场温暖人心的话剧（一年级二班家长卢岩辉）

一、初识话剧

在 2015 年 12 月份，韩凤仪在学校参与演出了话剧《玩具的控诉》的演出，这是她在学校里第一次演出，也是第一次参加话剧演出，这个经历让她还有我都记忆深刻。

记得她一年级开学不久，回到家告诉我说："妈妈，王老师在课堂上说，我们班成立剧社了。老师说我们班是一个温暖的大集体，每一天的生活和学习都会很精彩，说我们这个大家庭像'星火'一样温暖。"我当时看着她兴奋的样子，心里也开始温暖起来。她接着跟我说："妈妈，我们的剧社叫作'星火剧社'，我们的口号是'星火星火，温暖你我'。"听着她的讲述，我觉得自己也似乎融入了这个大家庭。

剧社成立后，学校组织了话剧比赛，一年级二班选的话剧是《玩具的控诉》。听韩凤仪跟我讲，老师在课堂上先给他们播放了剧本，让大家分组模仿，她也上台表演了。老师夸了她，但老师要选出表演更棒的小演员，她希望能参加。

当时我就想，只要她喜欢，那就陪她一起参与一下。接下来，每天睡觉前陪她表演一会儿，自己也感觉挺快乐的，好像又回到了童年。

从蛮横不讲理的豆豆、美丽可爱的芭比、充满争议的小咕咚到小兔子、小狐狸，她都努力地去试一试，尽可能地为自己争取到舞台表演的机会。

讲实话，每一个角色的动作、表情她都观察得很细致，那么多的台词她竟然能记下来，的确出乎了我的意料。在最终确定参演人选的时候，她竟然第一个被选中。回来时她兴奋的样子，让我到现在都记得。

开始的时候我觉得话剧就是搞笑的，可是陪她练了一段时间后，我发现话剧重在情感，而非搞笑。在排练期间，我们俩一块分析每个角色的性格，带她体会每个角色的内心世界，慢慢她也有了新的启发和感受，表演的时候更加深入了。

二、从未有过的美好回忆

从来没有演戏经验的孩子们，第一次参与分工如此精细的演出，除了这些小演员外，还有老师指导、舞蹈设计、音乐控制等，每一个步骤、动作都是靠着大家共同努力，经过不断的演练彩排，才圆满结束。所有参与演出的小演员为了此次演出，在学习的同时，充分利用课余时间练习。有的小演员因为练不好还急哭了，有的小演员为了演好一个动作、表达好一个语气不知道练了多长时间。总之大家都在努力。

经过一段时间的排练、磨合，小演员们都有了最终的角色。韩风仪最终选择了蛮横不讲理的豆豆小朋友，尽管当时她不怎么高兴，一直跟我讲她不愿做个坏孩子。我耐心地跟她讲："话剧其实表演的就是我们生活中的故事，豆豆也许就是你生活中最真实的表现，而每一个玩具的话语也在提醒着你的每一个小缺点。为什么不借着这个机会更好地发现自己的不足呢？"她当时并没有理解，只是被动地接受了。在演出过程中，韩风仪还是有些紧张，不过很快深入角色。整个表演虽然出了一些小问题，不过孩子们还是认真完成了表演。看着他们稚嫩的脸庞，我心里充满了感动。无论成败，孩子们的心走在了一起。

三、对于话剧的感悟

话剧看起来就是台上那短短的几分钟，但是背后是满满的努力、用心的付出，还有如何将生活中的我们更加真实地呈现出来，都需要不断地尝试，不断地思考。

话剧的完美展示还需要这些小演员们认真配合，从动作、表情、语言等的流畅表达，也需要不断练习。

同一个剧本，不同场次的演出，给予人的感受会完全不同。所以，话剧的每一场演出其实都是不同的精彩。

最后，感谢孩子的学校，能给孩子一个"有戏的人生"，谢谢学校和老师努力让孩子们体会"人人都有戏"，愿以后能为孩子们提供更多的机会展现自己、展现我们学校的学习和生活！

三、延伸"共生教育"思想

"共生教育"思想的本质

2018 年 9 月 10 日，习近平总书记在全国教育大会上提出为谁培养人、培养什么人、怎样培养人的问题，引起了教育者深深的思考。

一是教育的原点是什么？支点是什么？学校的教育价值又是什么？

学校在历史发展中与社会大环境是相适应的，每个历史阶段都有不同的需求。当提出"和而不同，各美其美"的办学理念时，是基于当时的社会发展需要个性的成长，于是有了各美其美的指向与价值追求。社会发展到今天，当钱理群先生称我们的教育已经是在培养精致的利己主义者时，我们不得不反思，现在的孩子是否个性太强了，为了达到自己的目的，不顾他人，不择手段，有个别孩子甚至为了考第一名，而杀死竞争对手。在这种情况下，我们还能引导学生去强调个性发展吗？我们是否应该更多往共性上去引导了呢？也就是我们的孩子在"各美其美"之后是否应该转向"美美与共"了呢？

二是陶行知的生活教育思想是否应该传承？

我国近现代教育大师有很多，我们可以说出的名字，可以说是灿若群星。我始终觉得陶行知先生的教育思想更丰满，更现实——他几乎对所有中小学的教育问题都有深刻的阐述，无论他的时间还是他的论述，距离我们今天的教育现实情况更接近。

陶行知先生作为我国近代伟大的教育家，他的人格，他的教育思想和教育实践，是我国现代教育学的百科全书。随便打开他的无论哪一篇文章，我们都会觉得他的见解深刻，太多的切近今天教育的问题症结。例如，印象深刻的是这样一件事。

1919年7月22日，陶行知先生在浙江第一师范学校毕业生讲习会上，以《新教育》为题做了演讲报告。

他说："我们不可以为了一个人去牺牲九十九个人；也不可以为了九十九个人去牺牲哪一个人。"

——这是对我一贯坚持的"面向全体"和"一个不能少"的理念多么好的阐述啊！

他说："身体和精神要全体顾到，不可偏于一面。"

——这不就是人的全面发展吗？

他强调："'学'字的意义，是要自己去学，不是坐而受教。'生'字的意义是生活与生存。""新教员不重在教，重在引导学生怎样去学""教学生对于学问方面或道德方面，都要使它能够自治自修。"

——这与我们今天倡导的教育和教学要遵循"学为主体，教为主导"原则有什么区别呢？

读着陶先生这些过去曾经说过的话，我惊诧于他在90多年前对教师的期望和对教育的简介，与今天我们所倡导的素质教育和课程改革理念，竟有太多太多的相似。"山还是那座山，教育还是那个教育"，只是我们常常是沿着一条有些偏离了方向的路，在辛苦奔波。

这么伟大的教育家的精神，必须在校园里生根发芽。

三是习近平总书记提出了命运共同体的重要理念，如何贯彻？

2013年3月，习总书记在莫斯科国际关系学院演讲时，第一次明确提出这一理念。他说："这个世界，各国相互联系、相互依存的程度空前加深，人类生活在同一个地球村里，生活在历史和现实交汇的同一个时空里，越来越成为你中有我、我中有你的命运共同体。"截止到 2015 年 5 月，他公开谈到这一理念已经达 60 多次。

2015 年 3 月，主席在博鳌的演讲中，提出了迈向命运共同体的"四个坚持"：坚持各国相互尊重、平等相待，坚持合作共赢、共同发展，坚持实现共同、综合、合作、可持续的安全，坚持不同文明兼容并蓄、交流互鉴。

这种命运共同体的理念需要我们从小给孩子渗透。

基于这样的认识，基于校园内的三棵茁壮成长的白杨树和大自然共生现象，我将"共生"这个自然哲学和社会哲学的普遍原理运用到教育中。在与师生、家长的思维碰撞中确定了"共生教育"这一新阶段文化发展主题，以"尊重生命，学会生存，热爱生活"为引领，完善学生自身的内在素质和品质的共生；以"尊重差异，平等相待，合作共赢，共同成长"为核心，实现人与自然、人与社会、人与他人的和谐发展，以期构建一种"各美其美、美人之美、美美与共"的教育新生态，实现天下大同的教育理想。

"共生教育"思想的内涵

"校长对学校的领导，首先是思想的领导，其次才是行政的领导。"这是苏霍姆林斯基关于校长管理理念的一个重要论述。

在近 20 年的校长管理经验中，我不断地摸索，用文化引领，精神统领，但都没有上升到思想的高度。在将"共生"这个自然哲学和社会哲学的普遍原理运用到教育中，提出并梳理"共生教育"这一新阶段学校文化发展主题时，我越来越发现"共生教育是一种教育思想"。

在我近 30 年的教育生涯中，从当教师时的对学生"一个都不能少"的理念，到当校长的"为全体学生发展"而努力，到实施"人人有戏、人人精彩"的全面发展观，无不渗透着"共生"教育思想。

我认为的"共生"教育应该包含两个方面的内涵：一是以"尊重生命，学会生存，热爱生活"为引领，完善学生自身的内在素质和品质的共生；二是以"尊重差异，平等相待，合作共赢，共同成长"为核心，实现人与自然、人与社会、人与他人的和谐发展。其核心理念是以人为本，促进人的自由完整发展，实现人的存在价值。

1.共生是人类的基本生存方式，也是人类追求的归宿

万物生长不仅有竞生关系，更多的是共生关系。物竞天择适者生存，只是进化的一种缓慢的小范围内的方式，而更多的多细胞生物的进化依托的是共生关系，共生关系使整个地球乃至宇宙成为一个不可分割的共同生命体。地球上的人更是群居动物，是共生生物，共生是人类的天性，没有共生现象，地球上不可能存在生命。

2.共生思想是一种和谐思想

全球化时代，现代人的关系更加复杂，既有竞争关系，也有共生关系，其中核心是共生关系。人虽然是自私的、利己的，但这只是事实的一个方面，而且是次要方面，不能过分强化。人不仅仅是相互竞争的、嫉妒的、敌对的存在物，更是相互合作、关怀和共生的存在物，这已被许多生物学家、社会学家从多个角度证实。如果把竞争看作本质的，甚至是事实的全部，那就是一叶障目。共生是本质的，是基本状态和根本目的；竞争是次要的，是阶段性的伴随状态，是辅助手段。

3.共生思想是关于生命的理念

蕴含着动态创生、协同发展、互动交流、互惠提升等思想，共生教育是着眼于人的潜能激发与释放的教育，是教育本质的回归。共生教育以关爱生命、提高个体的生命质量为宗旨，注重生命的物质和精神两个层面的和谐提升，注重主体间的共同心灵成长和共同生命情感体验。

4.共生教育思想是教育的目的和手段，也是发展的状态和过程

共生教育利用"合作"建立教育共同体，形成教育合力，产生"联合互助"的正教育能量，达到"和谐共生"的教育效果。"互动共生"反映了学校作为一个学习、生活和成长的社区的教育理念。

共生教育利用"共生"来产生质量与生态。共生是自然哲学和社会哲学的普遍原理，它体现了自然发展规律、社会发展规律、人的发展规律，甚至是万物发展规律和万物协调发展规律，表现为和谐、协调、统一、共同发展。作为学校教育而言，它主要是学生之间的人际合作，学习和发展的主体，包括学生和教师的共生发展，学生和家长，学生和学生，学生和自己，更重要的是，学生本身的质量和质量和谐。

共生教育注重价值观培养、能力培养、思维培养、规则培养，形成全面的育人观。

"共生教育"思想的模式

（一）引领文化发展——以"协力共生，合作共赢"为办学理念，推进"共生文化"建设

以学校三棵50多年的白杨树携手成长，与大自然存在的松杨共生现象为内生基因，将"共生"这个自然哲学和社会哲学的普遍原理运用到教育中。以青岛市教育局"十个一项目"为引领，完成学生自身的内在素质与品质的共生；以人与自然、人与社会、人与他人的和谐、协调整合共同发展，完善学生与教师、学生与父母、学生与学生的共同发展，协力所有的资源，融家长、学生、教师共同成长为一个学习共同体、发展共同体、命运共同体，促成合作共赢的局面。完成校园内和阳广场、松兰苑、三松堂、梧桐诗社、校史馆等环境文化建设。

（二） 引领管理发展——以"共同治理"为核心，完成学校由管理到治理的转化

以现代化学校制度建设为抓手，健全规范的教育管理保障系统。完善学校章程、教代会制度、家长会制度等现代管理模式，调动全体教职员工及家长的工作积极性。深化值日校长负责制、值周校长负责制、全员育人导师制和首遇负责制，构建人人参与的民主管理模式，全面保障师生安全。

（三） 引领德育发展——以"共同情感"为取向，加强德育体系建设，完成立德树人目标

结合现代社会发展，协同家庭初步探讨涵盖道德与法制、心理健康教育、习惯养成等教育目标和内容的共情德育模式。让德育内容、德育实施者与受教育者共情，用真情实感感染学生，收获德育实效；以集体主义建设为载体，积极探讨"共生"教育下的班集体建设和团队研学旅行对学生的影响，给学生创造体验的平台，在日常生活中感受德育；借助教育戏剧的情境体验式教学模式，以戏剧教育为实施途径，完善德育体系，真正实现立德树人的目标。

（四） 引领课程发展——以"共融课程"为载体，着力建设多元化的学校智慧课程体系

给孩子最好的"礼物"是全面发展的课程。把社会主义核心价值观、党的建设、核心素养等孩子必备品格和必备能力，全面深化融入主体课程。抓好国家级课程校本化和学校课程高效实施，完成市级课题《中华优秀传统文化教育的创新性研究——以诗歌为载体的德育综合课程研究》、非物质文化遗产《捏面人》和STEM课程等精品课程的开发实施，争取在省市级精品课程比赛中获奖。

（五）引领课堂发展——以"共创课堂"为特征，完善"三图六构"课堂模式研究

以学生高效学习为目标，以自主、合作、探究为路径，以思维导图为拐杖，以小组合作为形式，让学习真实发生，形成新课程背景下的有效课程模式。鼓励教师进行自己的教学法研究，逐步成长为区市级名师。

（六）引领教师专业发展——以"互学共进"为价值追求，加强干部教师团队建设

启动学校干部培训机制，以"争做共生教育的合格带头人"为目标，围绕领导干部"十八条"标准，举行"每周一讲"活动，促使干部快速成熟。完善教师分层次培训办法，引领教师制订好 3 年发展规划，充分激发教师发展内驱力，尽早成长为骨干教师。

（七）引领共同体发展——以"和合共赢"为目标，加强共同体学校建设

在全国范围内寻求文化相似、办学理念先进的学校作为标杆，联合发展；区内共同体学校完成实效性协作，真正发挥区直实验学校的引领作用；与深圳、贵州、甘肃等手拉手学校加强联系，积极接纳跟岗实习人员及观摩团队到校学习，外出学习，内引外联，拓展教师互助帮扶通道，使"结对"效益全面化。在不同层面的共建中，最终实现资源共享、优势互补、合作共赢的良好局面。

后 记

一蓑烟雨任平生

——写给五十岁的自己

性格决定命运。固守本性，一生未改初衷。

天性就是争强好胜，不甘人后；天性就是乐善好施，善良敦厚；天性就是见贤思齐，一丝不苟；天性就是知恩善报，义薄云天。

转瞬之间，已年届五十，人生半百，回顾自己走过的路，平生过往皆凭天性。

小的时候，因是家中老大的缘故，备受宠爱。姥姥那一大家，谁家有好吃的，就被喊过去，大快朵颐；奶奶这边也是，大伯一家有好吃的，桌上总有我的一双筷子，有时候也赖在这里，经常钻进堂姐的被窝，嬉闹一番，酣然睡去。所以，虽生活清苦，却也快乐幸福。大人们都说，这孩子敦厚质朴，豁达敞亮，好养活。

每逢农闲时候，村子里总有"大戏"（农民喜闻乐见的柳腔、茂腔、吕剧等地方戏）上演，跟着母亲观戏的过程中，竟迷恋上了"戏"，渴盼长大后，自己也能登上舞台。

及至上学，一次班级文艺汇演，唱"戏"之梦（唱歌跑调）破碎，但另一个梦想的火苗却被自己的老师点燃起来。

感谢苍天眷顾，从小学到初中九年的求学过程中，遇到诸多优秀老师。他们对学生是爱生如子，循循善诱，从不厌烦；对工作是兢兢业业，精益求精，从不倦怠。他们是学生的良师，更是孩子成长路上的启明星、引航者、护导员。他们的言传身教，让我受益良多，终生难忘。还记得班主任蔺华胜老师跟我谈心，告诉我一定要树立远大的理想，刻苦学习，厚道做人；焦梅兰老师为提高我的语文成绩，几次晚上亲自到我家给我讲课辅导……至今这些画面还历历在目，每每想起，如沐春风。

在这些优秀老师的影响下，对老师的崇拜到了无以复加的程度，总梦想着将来自己也像他们那样，做一名出色的优秀教师——在讲台上广施爱心，撒播知识，惠及后生，成就教书育人的"千秋伟业"。

当然，时代的烙印也催醒着这个梦想。那时农村孩子就业无门，最吸引人的出路就是考上大学，成为国家"干部"，吃上"国家粮"。

在最初人生梦想的催动下，学习劲头可谓马力十足。暑来寒往，九年苦读，1987年初中毕业，走进青岛师范学校大门，成为一名师范生。捧着录取通知书的那一刻，欣喜欲狂，当老师的梦想终于可以实现了。

就读师范学校期间，深知农村孩子基础薄弱，知识面狭窄，需要充实的知识太多太多，所以更加刻苦努力地读书学习，不敢浪费一寸光阴。除了正常上课，其余时间都交给了学校的图书馆和资料室，以书为友，与名著相伴，衣带渐宽，从不懈怠。因为成绩优异，连年获得一等奖学金。

1990年师范毕业，便踏上了教育工作岗位，回到自己所在的家乡小学任教，成为一名正式的乡村公办教师。

师之优，优在"德"，优在"技"。著名教育家陶行知先生为优秀教师定位是"学高为师，德高为范"。在偏远农村学校教学期间，不管条件多么艰苦，环境多么恶劣，始终恪守教师的天职教书育人，从没放弃业务学习和专业提升。

1992年考上了青岛教育学院，修出大专文凭。

1995年被评为城阳区教学能手。

1998年被评为青岛市青年教师优秀专业人才。

1999年被评为城阳区政府表彰的优秀教师。

2000年被评为青岛市教学能手。

2002年自修拿到曲阜师范大学汉语言文学专业本科文凭。

2009年被评为城阳区政府表彰的优秀校长。

2011年被中国教育学会评选为全国优秀校长。

2019 年被评为青岛市优秀教育工作者。

虽说离优秀教师还有很大的距离，但跋涉其中，尽自己所能向优秀教师不断靠拢。

1996 年下半年，走上了学校管理工作岗位。先后担任青岛铁家庄小学负责人、棘洪滩小学副校长、中华埠小学校长、城阳区天泰城学校校长，城阳区第三实验小学校长。

回顾过往历程，尽管跌跌撞撞、曲曲折折，但每走一步，都是踏实而坚定的，没有虚度一丝韶华，没有苟且一毫时光。基于对生命的敬畏和对事业的热爱，也源于性格使然，无论是身处偏远农村小学还是就职于区直学校，始终保持着为"这"所学校奋斗一辈子的初衷和热情。从提升自我，发展教育，开拓事业入手，着眼于为国家建设培养人才，为孩子们的成长奠定基础，为教师的发展搭建平台，殚精竭虑，兢兢业业地"经营"着工作过的每一所学校。

从来没有奢求回报，但却时时得到命运的垂青，三十年的从教路上，得到众多"贵人"的帮助和支持，得到各级组织、各任领导的信任和培养。永远记得：初中班主任蔺华胜老师在课堂上的谆谆教诲，踏上工作岗位后仍给予的深厚关爱；语文教学引领者焦梅兰、林志华等老师；管理岗位上引路人赵扬臣、赵思顺等领导；学术领域指导者翟广顺所长、王磊主任、陈如平主任……还有我的家人、朋友、同事给予的全力支持。时至今日，常怀感恩之心，常思涌泉相报。

从做"优秀教师"，到做"有戏"校长，路在脚下延伸，梦在追求路上，生命不息，逐梦不止，不忘初心，恪守天职。

"一蓑烟雨任平生"，一位忘年交赠送的书法字幅，我非常喜欢。

坚定而踏实地走过人生的前一半，回眸，无关风雨，不论阴晴。

王建娥

2020 年 10 月